自分を操る超集中力

メンタリスト
DaiGo

かんき出版

まえがき

告白します。

実は、かつて私は「LD（学習障害）ではないか？」と両親や祖父に心配されるほど、集中力がなく、本当にじっとしていられない子どもでした。

当然、勉強もできません。成績は学年227人中、224位。長時間、机に向かっている奇跡のような1日があったとしても、実際には集中していないので、何も覚えていないに等しいときもありました。

今思えば、周りの人たちと同じようにじっとしていられなかったことで、小学校1年から中学校2年までの延べ8年間に渡るいじめが始まったのかもしれません。

いじめられっ子で成績もほぼビリだった当時の私は、ある日**「勉強をして、自分を**

変えよう」と決意しました。

もちろん、始めは上手くいくはずもありません。**絶対に自分の力を認めさせてやる、**自分は変わるんだと心に決めて机に向かっても、まったく集中することができずペンを投げ出してしまう、最初はそんなくり返しでした。

そして、他人より集中力がないことを自覚した私は、闇雲に勉強しようとするのではなく、心理学や脳科学の専門書を頼りに、集中力をつくり出す方法を研究し始めました。

長い試行錯誤でした。

でもその結果、予備校などに通うこともなく、独学で慶應義塾大学の理工学部に合格。現在では1日10～20冊の読書をしつつ、企業アドバイザーや、講演・研修事業、TV出演、ニコニコ動画を放送するなど、一般の人たちを遥かに超えたアウトプットができるほどの集中力を身につけるようになりました。

今の私には、人よりも速く効率的に本を読み、多くのことを吸収し、それを活かした仕事でも大きな成果を上げている、そんな自信があります。**手に入れた今のポジシ**

ヨンは**「すべて集中力のおかげ」**と言っても過言ではないでしょう。

もはや集中力は、最短・最速で身につくスキル

集中力をつくり出すために費やした試行錯誤の日々が、無駄だったとは思いません。でも、おそらくあなたには当時の私と同じように、ゼロから模索する時間はないでしょう。日々の仕事や勉強に追われていて、集中力の研究のために地道に数年間を費やすことは、やりたかったとしてもできないはずです。

安心してください。幸い、優秀な科学者たちが、すでに集中力についてのたくさんの研究結果を発表してくれています。

そこで本書では、私の実体験も踏まえつつ、集中力を科学的に高める方法をご紹介します。

集中力は持って生まれた才能ではありません。**あなたの集中力はトレーニングによって、さらに強化することができる**のです。

■集中力で、1年が13カ月になる

たとえば、同じような業界で働いているのに、あなたよりも短時間で仕事を終わらせ、出世をし、今なお、より良い結果を出している人がいるとしましょう。

その人とあなたの間にある差とは、なんでしょうか？

持って生まれた才能の違い……かもしれません。でも、頭抜けた天才というのは、そうたくさんいるものではありません。あるいは、短時間で終わらせているように見せて、影でものすごくたくさんの時間を費やしているという可能性もあります。

しかし、この差は才能ではありません。子どもの頃、注意力散漫で先生や親を心配させていた私も、今の私も同じ人間です。

違いは、集中力を発揮する方法を「実践しているか・していないか」の差です。

私は自分の身の回りにあるものすべてに注意力を奪われ、その結果、なにひとつ集中できなかった状態から、**目的からやるべきことを絞り込み、的を絞って集中する術《すべ》**

を身につけたことで、集中力をコントロールできるようになりました。
すると、同じ1時間でも処理できる「量」が、格段に上がったのです。

1日24時間という時間は、すべての人に与えられた平等な資産です。しかし、集中力を自在に操れるようになると、その24時間でできることに圧倒的な「差」が生まれます。

短時間で多くのことを学び、短時間で質の高い成果を出せるように変わるということは、それだけ勉強時間、仕事時間を圧縮できるということ。その結果、1日で平均的な社会人の6カ月に相当する生産性を発揮することも可能になります。

実際、**私の読書量は1日20冊なので、単純計算で常人の200倍の生産性を発揮していることになります**（社会人の平均読書量は、月3冊であるとされています）。

集中力が手に入ると、仕事や勉強が短時間で終わり、評価や成績が上がるだけでなく、あり余った時間でプライベートも充実していくのです。

どんなに疲れていても、集中力を発揮できる人の秘密とは？

しかも、**一旦、集中力をコントロールする術を身につけると、疲れているときも集中が持続するようになります**。

残業続きで厳しい状況でも頼りになる先輩や上司、連戦が続く中でも好調を維持しているアスリートなど、疲れていてもパフォーマンスが落ちない人たちは、「自動化」「習慣化」という方法で、自分の集中力を維持しています。

たとえば、同じゴルフをプレーしていても、プロはスイングについて「立ち位置は」「左に踏み込んで」などと、いちいち考えていません。数えきれない反復練習によって、彼らは正しいスイングを自動化しています。

その結果、スイングの動きはとくに意識せずとも反射的に行なえる域に達しているのです。**その代わり、プロゴルファーはコースを攻めていく方法、戦略に集中しています**。

疲れたままでも集中できる仕組み

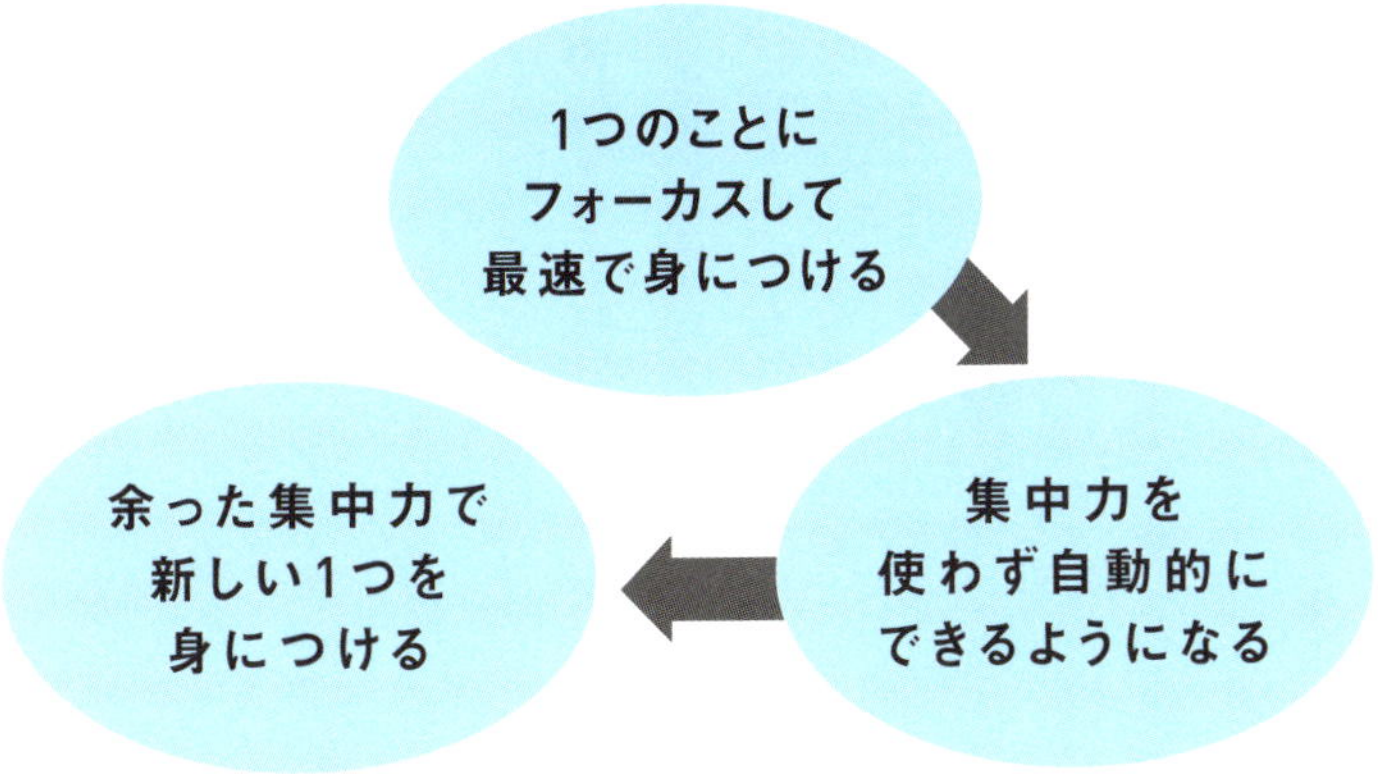
1つのことに
フォーカスして
最速で身につける
集中力を
使わず自動的に
できるようになる
余った集中力で
新しい1つを
身につける

集中力を発揮するとき、人は脳の前頭葉を使いますが、習慣化すると同じ作業を小脳が代わりに担ってくれるのです。

すると、何が起きるのか。

前頭葉の疲れる度合いが劇的に減り、集中力を発揮できる時間が延びていきます。また、習慣化された行動については集中せずとも自動的に処理できるため、周囲からは、疲れていても集中できる人のように見えるのです。

この習慣化によって、集中力の源である前頭葉を、**別の新しい習慣を身につけるためにフルに使うことができる**わけです。一度、このサイクルを身に付ければ、集中力はみるみるうちに伸びていきます。

もし、あなたが「資格試験の勉強をしないといけないのに、残業続きで家に帰るとやる気が起きない」「繁忙期になると、オフィスにいても集中が続かない」といった悩みを抱えているなら、ぜひ、本書を読み進めてください。どんなに疲れた状態でも、自動的に集中できるようになるでしょう。

大切なのは1つの行動にフォーカスし、1つずつ着実に習慣化していくこと。すると究極の集中力が手に入ります。

これは勉強でも仕事でも変わりません。1日10時間の詰め込み学習、企画書を仕上げるための徹夜は、効率を落とすだけです。

もう「集中できないのは、自分が怠けているからだ」と落胆する必要はありません。集中力のメカニズムを理解し、適切なアプローチをすれば、より短時間ではるかに質の高い成果を出すことができるようになります。

古代ローマの哲学者セネカは、こんな言葉を残しています。

人生は短い。人間に与えられた時間は、束の間の虹のごとくである。
人生は短い。この書物を読めば、あの書物は読めないのである。
人生3万日しかない。

しかし、集中力をコントロールする術を身に付ければ、**時間の密度が変わります。この書物も、あの書物も読めるようになるのです。**

本書を読み終え、実践していただければ、あなたの人生の密度が何倍にも高まっていることに気づくでしょう。身につけた集中力は、人生すら思い通りにコントロールできる一生の武器になります。

2016年5月

メンタリストＤａｉＧｏ

『自分を操る超集中力』もくじ

第1章

集中力を自在に操る3つのルール

集中力の高い人に共通する行動原則とは

第2章

高い集中力を生み出す7つのエンジン

トップスピードで「すぐ没頭できる」自分に変わる

第3章

疲れをリセットする3つの回復法

疲れを感じている方は、ここから読み進めてください

第4章 集中力を自動でつくり出す5つの時間術

いつもの仕事の時間を変えるだけで、パフォーマンスは上がっていく

編集協力 佐口賢作
装丁 小口翔平＋三森健太(tobufune)
本文デザイン 岩永香穂(tobufune)
本文イラスト 高田真弓
DTP Office SASAI
撮影 早船ケン
ヘアメイク 永瀬多壱

第1章

集中力を自在に操る3つのルール

集中力の高い人に共通する行動原則とは

まえがきでは、集中力の仕組みについて簡単に解説しました。

この第1章では、まず、あなたの集中力を制限している3つの誤解を解きながら、人並み以上の集中力を発揮するためのルールをお伝えしていきます。

大切なルールとなるのは、次の3つです。

ルール1：集中力の高い人は、鍛え方を知っている

―「集中力は、生まれつきや根性で決まる」というのは大ウソ。

ルール2：集中力の高い人は、実は長時間集中していない
―「できる人」は、短時間の集中をくり返している。

ルール3：集中力の高い人は、「疲れ」を脳でコントロールしている
―「疲れているから集中できない」は、脳の錯覚。

科学的に正しい方法論に沿って鍛えていけば、誰でも簡単に各分野のプロフェッショナルやトップアスリートのような集中力を発揮できるようになれるのです。

「子どもの頃から注意力が散漫だって怒られてきたからなぁ……」「本を読み始めると5分で眠くなるタイプだから」などとあきらめ気味の人ほど、実は、すばらしい伸びしろを持っています。では、どうすれば集中力を育むことができるのか。その答えがこの先にあります。

ルール
1

集中力の高い人は、鍛え方を知っている

「集中力は、生まれつきや根性で決まる」というのは大ウソ。

集中力にまつわる最大の誤解とは、「集中力＝生まれ持った資質」という思い込みです。この誤解があるせいで、人は集中できない自分を、「人より劣っている」と感じ、「怠け者だと思われるのでは？」と自信が持てません。

でも、安心してください。

後ろ向きになる必要も、不安がることもありません。**集中力のある人、ない人の差は、その仕組みを知り、トレーニングを積んでいるかどうかの違いだけ**です。

ところが、その事実はあまり知られていません。実際、私が企業や学校で社会人や

学生向けの講演を行なっていると、必ず質疑応答の時間に「集中力」についての質問を受けます。

社会人向けの研修では「なかなか仕事が捗《はかど》らない」「残業しなければ、その日にやるべき仕事を終わらせることができない。どうしたらいいですか？」と。

しかも、こういう方の多くは出社してもなかなかエンジンがかからず、仕事に取りかかるのが遅い。その結果、仕事が思ったほどこなせず、持ち帰ったり、残業したり……と、集中力をうまく使えていないことで、**貴重な人生の時間を無駄にしている**のです。

また、受験を控えた中高生からは「勉強しなくちゃいけないのはわかっているけど、どうしてもスマホに手を伸ばしてしまう」「問題集を開いた途端、頭がぼんやりしてしまう」など、切実な悩みが寄せられます。

私もこうした皆さんの気持ちが本当によくわかります。というのも、子どもの頃は「学習障害なのではないか」と言われるほど、集中力がなかったからです。イスに座ってじっとしていることすらできなかったほどでした。

しかし、今では、集中力を自在に操り、1日に10〜20冊の本を読めるようになっています。これは方法論を研究し、実践してきたからです。

集中力には「つくり方」があります。遺伝も性格も関係ありません。ましてや、才能や根性も必要ありません。そんな不安定なものに頼るよりも、**正しい理論を身につけ、トレーニングすることです。**

そうすれば、**誰でも思うように集中力をコントロールできるようになれます。**

集中力の源は、前頭葉のウィルパワー

集中力をつけるために知っておかなければならないことが、1つあります。

それは「集中力の源」についてです。

集中力が湧き出す泉は、あなたの額から2〜3センチ奥、前頭葉にあります。人間と他の動物の脳を比べたとき大きく違うのは、前頭葉の大きさです。前頭葉は、「ヒトをヒトたらしめ、思考や創造性を担う脳の最高中枢である」と考えられています。

私たちは進化の過程で前頭葉を大きくし、他の動物にはない力を獲得しました。**そ**

れが思考や感情をコントロールする力です。

この力は**「ウィルパワー」**と呼ばれています。

ウィルパワーは前頭葉の体力のようなもの。イメージをつかむため、ロールプレイングゲームのキャラクターの体力や魔力を思い浮かべてください。敵の攻撃を受けると体力が減り、魔法を使うと魔力が減っていくように、**ウィルパワーにも一定の量があり、集中力を使う度に少しずつ消耗していきます**。

ちなみに、薬草や魔法を使えば体力が回復し、睡眠によって魔力が戻るように、ウィルパワーも良い睡眠を取る、エネルギー源となる食事を心がけるなどの行動によって補給することができます(詳しくは第2章で紹介します)。

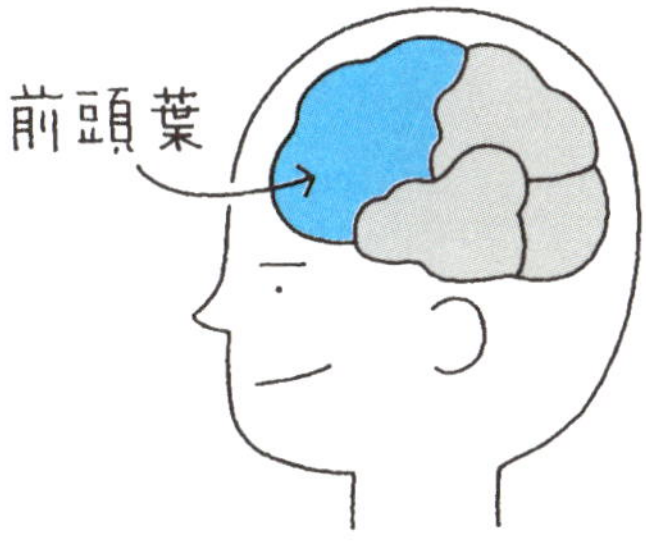

誤解されている集中力のメカニズム

このウィルパワーには、2つの特徴があります。

・ウィルパワーの総量には限りがあり、集中力を使うことによって消耗していく
・ウィルパワーの出どころは1つしかない

とくに重要なのは2つ目**「ウィルパワーの出どころは1つしかない」**という点です。

私たちは仕事とダイエット、スポーツ、家族とのコミュニケーションといった行動をそれぞれ切り離して考えています。つまり、仕事が行き詰っていることと、ダイエットを続けられるかどうかは関係ない。家族とのコミュニケーションがギクシャクしていても、オフィスに行けば気持ちが切り替えられる。スポーツに没頭してリフレッシュすることと、仕事の効率は関係ない……など。

こうした考え方の根本には、仕事、プライベートなど、それぞれに使うウィルパワーは別であるという思い込みがあります。

実は、そうではありません。「企画書を仕上げること」と「間食のチョコレートを我慢すること」という**まったく関係のないはずの行動でも、使われるウィルパワーの**

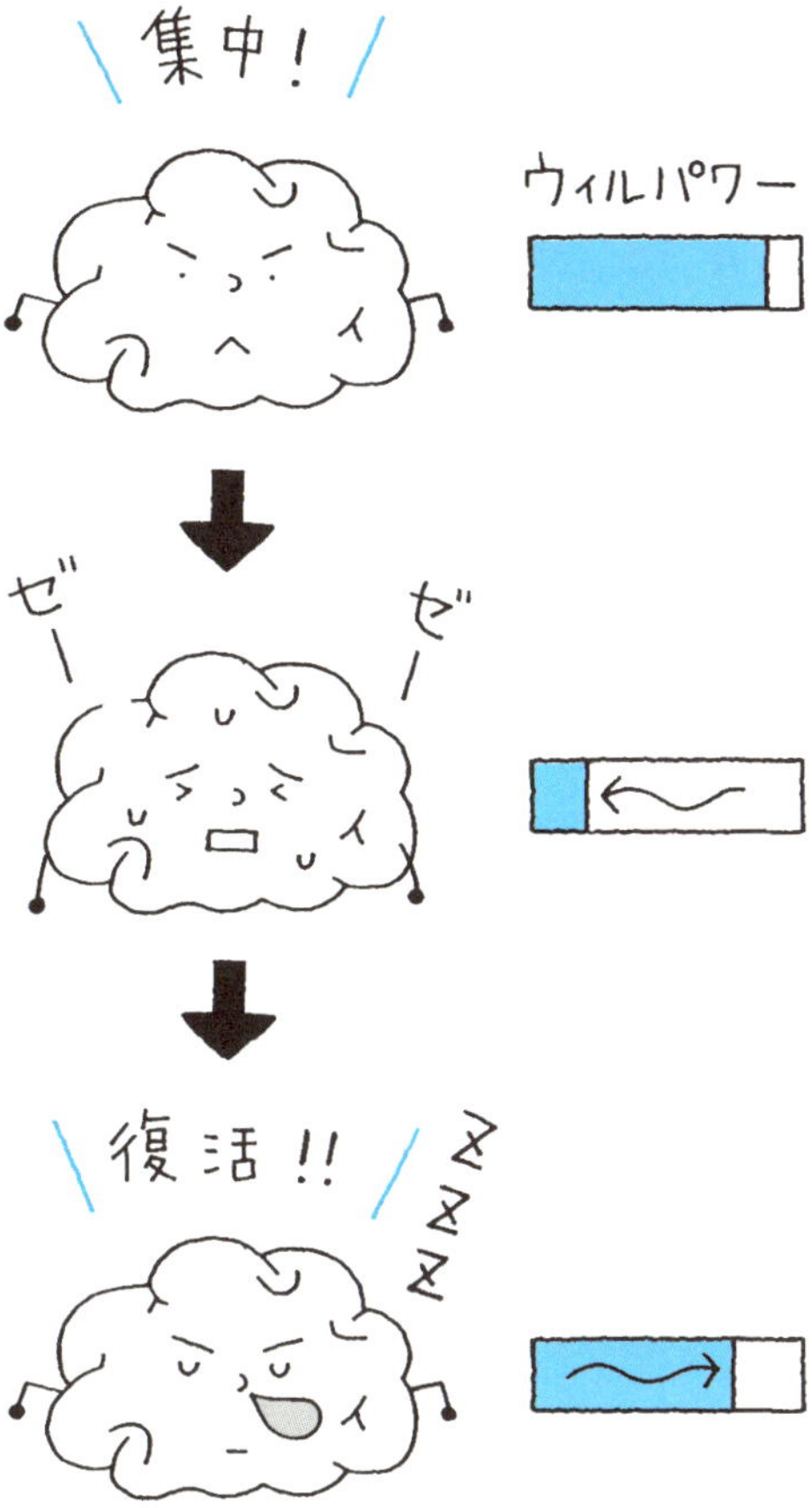
集中!
ウィルパワー
ゼー
ゼー
復活!!
ZZZ

出どころは同じなのです。

つまり、「仕事が行き詰っているからダイエットが続かない」「家族とギクシャクしていて、仕事に集中できない」というのは自然なこと。ウィルパワーは消費されてしまい、脳が休息を必要とする状態になっているのです。

集中力を鍛える2つのアプローチ

「ウィルパワーを鍛えるなんて、本当に自分にできるのか？」。もしかすると、そう感じるかもしれません。しかし、集中力の源であるウィルパワーを高めるトレーニングはとてもシンプルで、たった2つの考え方からできています。

1つはトレーニングによってウィルパワーの総量を増やす方法。もう1つは、ウィルパワーの消費量を、日々の行動や習慣を変えることによって節約していく方法です。

これが、最も効率的な集中力の鍛え方となります。

そこで、まずはウィルパワーを増やすトレーニング方法からお伝えします。

生まれつき筋力が強い人もいれば、そうでない人もいるように、持って生まれたウィルパワーにも個人差があるのはたしかです。

しかし、筋力が弱い人でもトレーニングで筋肉を鍛えることでパワーアップできるように、ウィルパワーも鍛えることが可能です。方法はたくさんありますが、**本書では、すぐに始められ、かつ効果がすぐ表れるものに絞って解説しています**。

たとえば、アメリカの社会心理学者ロイ・バウマイスターはウィルパワーを強化する効率的な方法を見つけるため、次のような実験を行ないました。

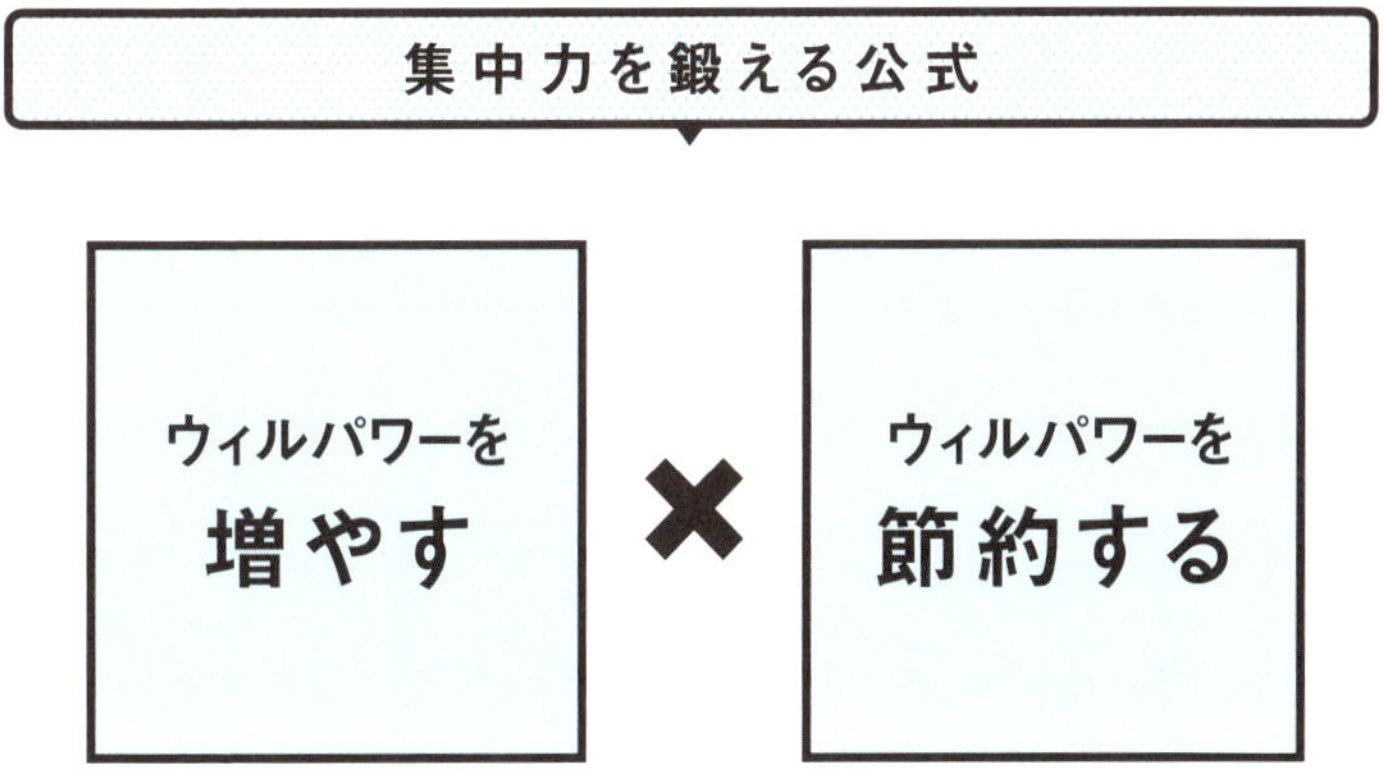

バウマイスター博士は学生たちを集め、3つのグループに分けていきます。

1つ目のグループは、「2週間、立っているときも、座っているときも、姿勢に気をつけて生活するよう」指示されます。学生たちは気づいたら背筋を伸ばすことに集中して、2週間過ごしました。

2つ目のグループは、「2週間、食べたものをすべて記録するよう」指示されます。学生たちは朝昼晩の食事だけでなく、勉強中のつまみ食いや深夜にテレビを見ながら食べたポテトチップスもすべて記録して、2週間過ごしました。

3つ目のグループは、「2週間、前向きな気持ちやポジティブな感情を保つよう」指示されます。学生たちは、暗い気持ちになったときもプラス思考でいなければと心がけ、2週間過ごしました。

そして約束の期日が過ぎた後、学生たちは再び研究室に集められ、コメディ番組が流れるテレビの横で、つまらない単純作業を黙々とこなすというテストを受けました。

この3グループのなかで、ウィルパワーが強化されたのは、どのグループだと思いますか?

なぜ姿勢に気をつけるだけで、集中力がアップするのか

集中力という言葉のイメージからすると、「記録を付ける」という作業を与えられた2つ目のグループのウィルパワーが最も強化される、そう思われたかもしれません。ところが、最も成績が良かったのは「2週間、立っているときも、座っているときも、姿勢に気をつけて生活するよう」指示された1つ目のグループでした。なぜ、このような結果になるかと言うと、**日頃、無意識に行なっている行為を「やらないようにすること」は強い集中力を必要とするから**です。

姿勢を保つという行為は、普段、なかなか意識しない行動です。私たちは気づくと猫背になったり、肘《ひじ》をついたり、足を組んだりしています。しかし、「この2週間は姿勢に気をつけて生活する」と意識することで、無意識の行動が強く認識されます。猫背になったら、「いけない、いけない」と胸を張り、肘《ひじ》をついているのに気づいたら慌てて背筋を伸ばし、足を組んで座っていたらすぐに座り直す。文章にすると簡

単なようですが、実際に試してみると想像以上の集中力が必要です。

たとえるなら、負荷の高いダンベルを使った筋トレのようなもの。**無意識の行動に「はっ」と気づき、改めるという行動をくり返せばくり返すほどウィルパワーを鍛えることができる**のです。これは「セルフモニタリング効果」と呼ばれ、自分で自分の行動を客観的に「観察」して、「うまくいった・うまくいかなかった」と評価し、そこから生じる達成感や反省によって行動をさらに強化できるという働きです。


このように自分の無意識の行動を観察するトレーニングを行なうことで、持って生まれた資質や性格とは関係なく、誰でもウィルパワーの総量を増やすことができます。

ちなみにトレーニング方法は、「姿勢」以外にもたくさんあります。

利き手とは逆の手を使って、歯磨きをする、ドアの扉を開ける、パソコンのマウスを使うなど、ふだん何気なくしている行動を変えることでも、同等の効果が得られることが明らかになっています。詳しくは第2章で紹介します。

日常に潜む、集中力を奪うトラップ

続いて、「集中力を使う作業を習慣化し、ウィルパワーを節約していく」方法について説明します。しかし、具体的なポイントに入る前に、1つ質問があります。

あなたが「集中力を使っている」と考える場面を想像してみてください。

・机に向かって熱心に勉強をしている状況
・キーボードを操作し、パソコンで企画書をつくっているシーン
・ビリヤードのキューを手に、狙うショットを考えている姿
・手先に意識を集中させて編み物をしているとき

どうでしょうか？　一般的に集中していると言われるのは、このように何かを「やろうとしているとき・取り組んでいるとき」のことです。これはたしかに集中力が使われ、ウィルパワーが消費されます。では、次のような場面ではどうでしょうか。

勉強中、集中できないことに
気づき、頬をぱんぱんと叩いた

デザートを食べたかったけど、
ダイエット中だから我慢した

セミナーに出て、
自分が3年後にやりたいことを
想像してみた

妻（夫）に文句を言われて、
言い返したかったけど、
できなかった

実は、これまたどのシチュエーションでも人は集中力を使っています。こうした「なにかを我慢しているとき」や「なにかをしたいと望んでいるとき」にも、ウィルパワーは消費されているのです。

前頭葉には、「なにかをやる」「なにかをやらない」「なにかを望む」という選択や決断を担う領域がそれぞれあります。

そして、その1つひとつの領域を使った選択や決断の際に、たとえそれがどんな小さなことであっても脳は集中力を使い、ウィルパワーも減っていくのです。

こうして疲労が蓄積されていく様子は、**筋肉を使った単純作業に似ています**。私たちは重いものを何回も、何回も持ち上げていると、体が疲れてきて動かなくなります。

それと同じように、なにかに没頭したり、誘惑に抗《あらが》ったり、将来の目標や明日の予定を考えたりする度にウィルパワーは消費され、集中力が発揮できない状態になってしまうのです。

これを回避するのが「習慣化」によるウィルパワーの節約です。

あなたが「疲れる」本当の理由

人間の意思決定に関して、コロンビア大学のシーナ・アイエンガー教授が、著作『選択の科学』の中で、次ページのような興味深い実験を紹介しています。

アイエンガー教授らは、あるスーパーの試食コーナーに24種類のジャムを揃えた週末と6種類のジャムを揃えた週末で、売上にどのような差が出るかを実験しました。

調査したところ、ジャムの種類が豊富なときに、より多くの客数が集まり試食した、という結果が得られました。

この結果だけを見ると、選択肢の多い試食コーナーのほうが、多くの人を惹きつけていたことがわかります。ところが、試食後にジャムを購入したお客さんの割合を調べたところ、この数字が逆転したのです。

この実験の結果はさまざまなビジネスのマーケティングに影響を与え、今では「**豊富な選択肢よりも絞り込んだ選択肢を提示したほうが成果につながる**」と考えられる

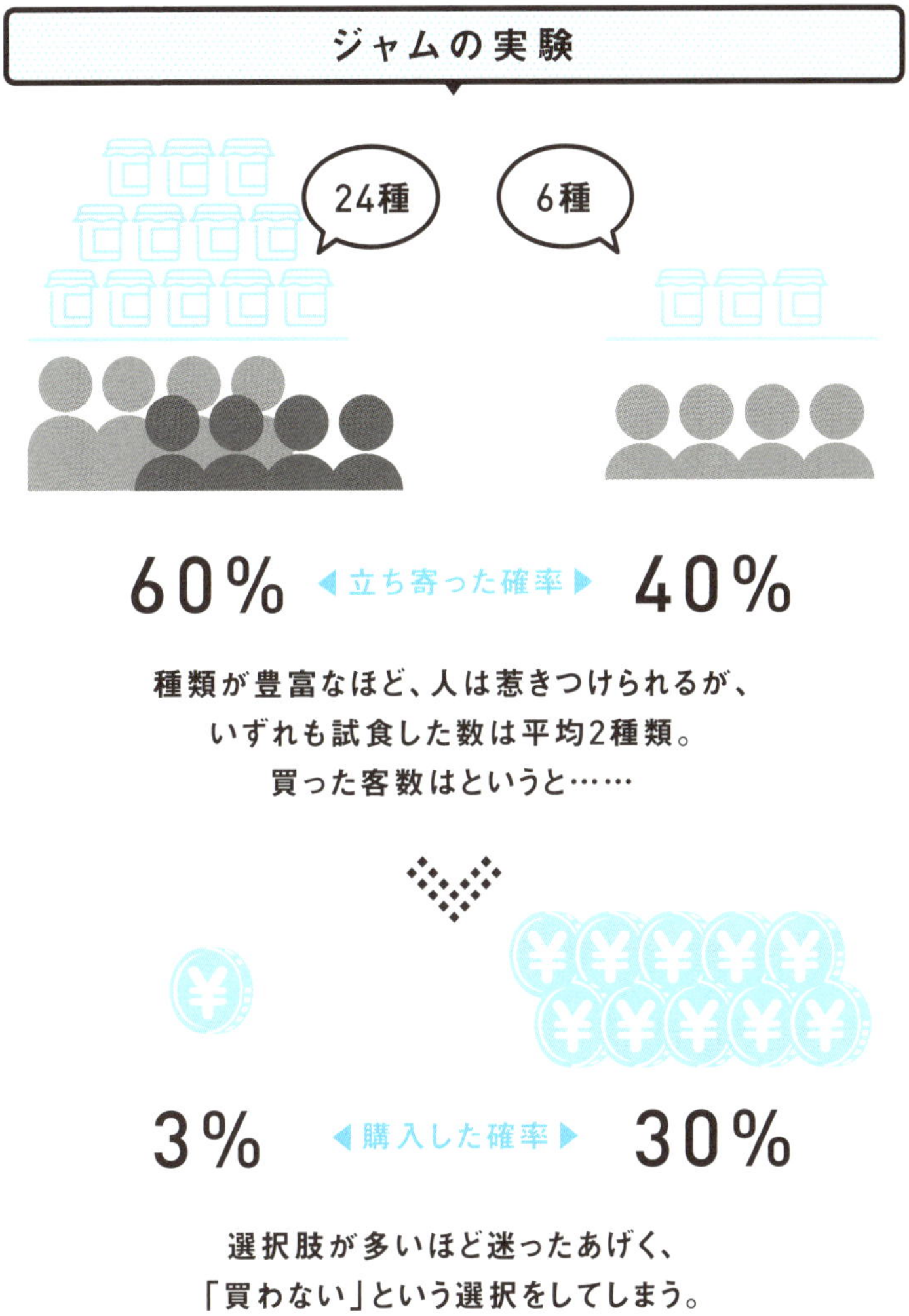
ジャムの実験
24種
6種
60%
立ち寄った確率
40%
種類が豊富なほど、人は惹きつけられるが、
いずれも試食した数は平均2種類。
買った客数はというと……
3%
購入した確率
30%
選択肢が多いほど迷ったあげく、
「買わない」という選択をしてしまう。

ようになっています。

多すぎる選択肢は、ウィルパワーを人間から奪い、結局、決断できなくなるのです。

アメリカでの研究によると現代人は1日のうちに平均70回ほど、物事の選択や決断をしています。

目覚めて、朝食はなにを食べるのか。今日はなにを着ていくか。どのルートで出勤するのか。朝イチの仕事はどれから始めるか。かかってきた電話に出るか、出ないか。メールの返信はすぐにするべきか。会議で発言するか、しないか……。

毎日の生活のなかで「なにかをやる」「なにかをやらない」「なにかを望む」という選択と決断をくり返す度に、ウィルパワーは減少します。朝は意欲十分だったのに、昼休みを過ぎ、日が沈む頃には疲れ果ててしまうのも当然なのです。

ウィルパワーが一定以下になると、どうなるかというと、このジャムの実験で明らかになったように「先延ばし」をしてしまうのです。

ところが、何か決定しなくてはいけない細かいことを、頭の中で「やりかけのまま」「先延ばし」にしておくと、無意識に気にした状態が続きます。

これを**「決定疲れ」**といい、決定を放置し、後回しにした場合にウィルパワーが消費される現象を指します。つまり**人は、行動ではなく「意思決定」で疲れる**のです。疲れているときに物事を先延ばしにしたくなるのは、決断するパワーが残っていないから。だから先延ばしという行動を取るのです。もちろんそんな状態ですから、集中力は底を尽きています。

不思議なもので、後回しにすればするほど、ウィルパワーは下がります。消耗していくのです。

よく「今やらないともっと面倒臭くなる」といいますが、あれは真実を言い当てています。

そのほか、集中力を奪うものとして、「この人にメールを送らなくちゃ」「これを買っておかないと……」といった、細かい仕事が挙げられます。

「これをやらないと……、でも後でやろうかな」「これ保留にしておこう」――。その保留にしたものが決定されるまでの間、ずっとウィルパワーは食われ続けます。

だから決断はすぐに下したほうがいい。即決できる仕組みをつくったほうがいい。

ちなみに、こういった細かい仕事への対策は、「バッチ処理」という考え方が一番有効です。

やってみよう

バッチ処理

細かい仕事は、1日の終わりなど、どこかの時間にまとめて片づける。

コツは、まとめて最後にやること。これが重要です。

用意するのは、大きめの付せんだけ。

仕事や勉強中に、やらなくてはいけない雑事を思いついたら、いったんメモして、すぐに頭の外に出しておくのです。それで最後に残さずまとめて一気に片づけます。付せんでなくても、メモ帳やスマートフォンのメモ帳機能や音声録音でも構いません。1分程度でできてしまう仕事なら、すぐさまやってしまってもいいのですが、集中状態に入ったら、それ以外のことをやらないほうが集中力は持続します。そして、雑事は翌日に残さないよう、まとめて処理するという「バッチ処理」が大切です。

ですから、会議や打ち合わせで、「ちょっと日を改めて決めましょう……」と先延ばしにするのは、頭の中で、ずっとウィルパワーを食い続けるので、すべきではありません。

その際、必要となる「決断を即座に下す」方法については、第2章の「習慣」で、詳しく述べています。

では、どこに意識を向ければいいのか？

日々の雑務に追いまくられ、消耗していく人がいる一方で、1日を通して集中力を保っているように見える人もいます。実は、彼らと1日の途中で集中力を保てなくなる人の差は、ウィルパワーを節約できているかどうかにあります。

では、一体何をして節約しているのか？　その節約方法が、まえがきでも触れた**「習慣化」**です。

彼らは行動を習慣化させ、定着させることでウィルパワーを使うことなく集中状態に入っているのです。たとえば、自転車は一度乗れるようになると、誰もがほぼ無意識のまま漕ぎ出せるようになります。すると、脳の前頭葉ではなく、**小脳が主に使われるようになる**のです。

つまり、自転車に乗る度に、「さあ、乗るぞ」と意気込み、「最初は右足から踏み出して」と考えていると、動作に集中しなければいけませんが、無意識で漕ぎ出せるようになるとウィルパワーがほとんど消費されなくなるわけです。

このように1日を通して集中できる人たちは、ウィルパワーを使うことなく集中しています。そして余ったウィルパワーを、より重要なことを習慣化させるために発揮しているのです。

一方、「どうも集中力が持続しない」と悩んでいる人ほど、その都度その都度、目の前の作業に集中して向き合っています。

その分、ウィルパワーの消費が激しく、すぐに集中力が途切れてしまう。限られたウィルパワーを非効率に使い続けているので、持続しないわけです。その結果、何回やっても習慣化されず、一度に処理できるのは1つだけという状態に陥ります。

この悪循環から脱するには、新しい習慣を脳に覚えさせるために集中力を使うよう心がけていくことです。

1つひとつ、ウィルパワーを消費せずに処理できる作業を身につけていく。こうしてエネルギーを節約しながら、習慣化に集中することで、あなたも次第に集中力をうまくコントロールできるようになります。「習慣化」については、第2章で詳しく触れていきます。楽しみにしていてくださいね。

＼まとめ／

集中力の高め方は、「①ウィルパワーを増やす」「②ウィルパワーを節約する」の2通りしかない。

ルール
2

集中力の高い人は、実は長時間集中していない

「できる人」は、短時間の集中をくり返している

集中力にまつわる2つ目の誤解は、「集中力＝ずっと続くもの」という思い込みです。高い集中力を持った人は、長時間の集中状態を持続させている……そんなイメージがありますが、実は違います。

そもそも人間の脳は集中を持続させないようにできています。なぜなら、はるか昔、野生の時代に生きていた記憶が私たちの「本能」として残っているからです。

あなたがサバンナで生きる草食動物だったとして、何かに集中することは生き抜くためにプラスでしょうか？　マイナスでしょうか？

もし、オアシスの水源や芽吹いたばかりの若草に目を奪われ、食事に没頭していた

ら、いつ肉食動物に襲われるかわかりません。自然界においては、集中していないほうが生き残れます。なぜなら、多方向に注意をはらうことができ、危険を回避できるからです。

言い方を変えれば、何が起きるかわからない環境を生き抜いてきた記憶が人の集中力を散漫にさせているのです。

加えて、すでに紹介した通り、ウィルパワーは集中し、判断、決断を行なう度に減っていきます。

では、どのくらいの間なら集中力は持続するのでしょうか。

最新の研究では、十分に鍛えられている人で「120分」とされています。大人でも子どもでも、イスに座り、同じ姿勢のまま1つの作業に没頭できる時間は、長くて30分といったところです。

そして、集中力は勉強などの作業を始めると徐々に高まっていき、ピークを過ぎるとグンと下降していきます。**元々、持続しない性質を持っているのです。**

一見、集中力がずっと続いているように見える人ほど、うまく休憩を挟み、短時間

の集中状態をくり返しています。短時間だから疲れない。疲れていないからこそ集中状態をくり返せます。

ですから、私の講演などでよく寄せられる「うちの子はちっともじっとしていられないんです」「勉強しているな……と思ったら、すぐに飽きてしまっている」といったご両親の悩みは、お子さんが健全な証拠です。

飽きる前に焦らす。まとまった時間は短く区切る

この「集中力は長く続かない」という性質を逆手に取り、集中できる時間を効率的に使っていく方法があります。それは**あらかじめ時間を短く区切り、「もうちょっとやりたかった」「もう少しやれたかな」というところで仕事や勉強を打ち切ってしまう方法**です。

途中で手を止めてしまうことのメリットは、3つあります。

・ウィルパワーを使いすぎる前に終わるので、疲れが溜まりにくくなる

・15分なら15分、30分なら30分と短時間で区切ると、時間管理がしやすくなる
・途中で終わった感覚が残るので、「早くあの続きがしたい」と思える

とくに3つ目のメリットは大きく、あえて休憩を取ることによって休んでいる間も「もうちょっとやりたい」というモチベーションを保つことができます。すると仕事や勉強を再開したとき、スムーズに集中できるようになるだけではなく、持続させることができるのです。

これを**「焦らし効果」**と呼びます。

仕事や勉強のスピードを速くしたいのならば、自分のやりたい気持ちを上手に焦らすこと。「もう少しやりたい」「もう1つ多くやりたい」という気持ちを焦らすことによって、パフォーマンスの向上に活かしてみてください。

こういったお話をすると、「休む」ことに対する

罪悪感や抵抗を示す方がいらっしゃいます。

でも安心してください。手を止めてその場を離れたとしても、**脳はやりかけのそのタスクを考え続けてくれていることがわかっています**。

詳しくは次の「ルール3」で述べますが、むしろそういった「無意識の力」を借りることで、行き詰った仕事の手がかりが見つかることも数多くあります。短い時間で区切ることで得られるメリットは先に挙げた3つの他にも、たくさんあるのです。

ですから、仕事や勉強を「切りのいいところまでやって終わらせよう」と引き延ばしている人は、やり方を改めてください。

ウィルパワーをどんなに鍛えたとしても、集中力の持続時間を際限なく延ばせるわけではないのです。

効率よく集中するための時間の使い方については、第4章で詳しく紹介しますね。

なぜ見込み時間をいつもオーバーしてしまうのか

集中力がいつまでも続くと勘違いしてしまう理由は、時間と同じく目に見えない資源だからです。人は目に見えないものについて、ついつい「無限にある」と思い込んでしまいます。

そして、その勘違いが集中力を上手く活用できない原因になるのです。

たとえば、朝「ここまでやれるはず」と考えていた仕事が終業時までに終わらず、残業することになってしまう。先延ばしにしていて「一夜漬けでなんとかなる」と直前まで思っていたものの、いざ前夜になってみたら集中できず、試験結果が悲惨なことに……。

誰しも一度や二度は、そんな経験があるのではないでしょうか。

こうした傾向は今に始まったことではなく、イギリスの歴史学者であるシリル・ノースコート・パーキンソンは1950年代に「パーキンソンの法則」として、こう指摘しています。

「仕事は、完了するために割り当てられた時間に応じて複雑なものへと膨れ上がっていく」

人は「時間が十分にある」と勘違いしてしまうと、目の前の仕事に対してさまざまな選択肢を考え、試行錯誤を重ねようとします。さまざまな可能性を試すのは悪いことではありませんが、集中力という観点からはデメリットばかりが増していきます。

たとえば、60点程度の完成度で提出すればいい仕事について、100点を目指し、締め切りに間に合わない。あるいは、100点を目指す過程で疲れてしまい、結果的にはクオリティが下がってしまう。

なぜ、そうなってしまうかと言うと、人は選択肢が増え、決断する機会が増えるほど「迷い」が生じ、ウィルパワーを失っていくからです。

取り組む時間を短くするほど、早く終わる

つまり、「あれもこれもやれる……」と思っている状態ほど、集中できず、結果に結びつかない可能性が高くなります。

パーキンソンはこうした事態を避けるため、非常にシンプルな対応策を提示してい

ます。それが**仕事や勉強の時間を短く区切る**ことです。先ほどの焦らし効果でも「15分なら15分、30分なら30分と時間を区切ること」をオススメしました。すると、できることは自然と絞られてきます。

これは不自由なようですが、集中力は自由なときよりも制限のある状態のほうが高まっていくのです。

時間を区切る、たとえば「定時に帰る」というようなデッドラインが定まると、**そこまでに最低限片づけなければならない仕事量と処理にかかる時間を意識し、発想が変わります**。つまり、取り組む仕事が決まり、使える時間が定まると、選択肢が絞られます。その結果、ウィルパワーの浪費が減り、集中が増すというカラクリです。

すると仕事や勉強において、短時間で高い成果を得ることができます。

集中力の高まった状態での仕事や勉強は、費やした時間が同じでも、より質の高い成果へとつながります。あるいは集中力を高め、処理できるスピードを2倍、3倍にアップできれば、所要時間を2分の1、3分の1へと圧縮することが可能です。

よく「重要な仕事ほど忙しい人に頼め」と言われますが、これは忙しい人ほど集中力を活かすリズムを身につけているからです。集中して作業することが習慣化されているので、同じ時間でも人の2倍、3倍の作業量をこなすことができる。つまり、**「仕事力＝集中力×時間」**という公式が成り立つわけです。

そして、これは持って生まれた才能ではなく、努力や習慣化、環境の変化によって身につけていくことができます。

たとえば、「働くママ（パパ）」は、出産以前に比べて時間の使い方が格段に効率化されていきます。これは自然と時間の区切りが生じるから。朝は保育園に送り届けるまでにやるべき家事を片づけ、夜も残業ができないので仕事を効率化するしかありません。

その結果、集中力を活かすリズムが身についていくのです。

集中力は、ノートを開くだけで失われていく

一定の時間で仕事や勉強を区切り、中途半端でも作業を止め、一定の休憩の後に再

び始める……。集中している状態を有効に使うリズムについてお話ししました。このリズムを実践するうえで重要なのは、短い休憩からいかに速やかに仕事や勉強に戻るかです。

そのためには**「環境」を強制力として活用する方法が有効です**。

たとえば、私の仕事部屋にあるデスクには、開きっぱなしのノートと本、ペン、イギリスのオックスフォードで買ってきたテーブルクロスしか置いてありません。

それ以外のモノは、一切この部屋から出しているか、あるいは持たないようにしています。開きっぱなしのノートのページには、作業を中断した時点の原稿やメモが残り、その横に関連した本が置かれ、いつでも書き出せるようにペンがあります。そして、その下に敷いたテーブルクロスは、学ぶことの楽しさを再確認したオックスフォード訪問時に購入したもので、机に向かう気持ちを高めてくれます。

これが私なりの集中できる「環境」です。

こうした環境づくりでポイントになるのが、**自分を行動しやすくすること**。具体的には、選択肢やモノを減らし、集中力を奪う迷いや決断を減らすことです。

私がノートを開きっぱなしで置いている理由は、「ノートを開く」という決断だけでも、ウィルパワーは消費されてしまうからです。


これはミネソタ大学とフロリダ州立大学が行なった研究で明らかになっています。決して解けないパズルを使い、決断して取り組んだ場合と決断しないまま取り組んだ場合を比較。対象となった学生本人に「どのパズルを解くか」を選ばせて取り組ませた場合と「このパズルを解いてください」と出題した場合、前者は9分で、後者は12分30秒でギブアップしました。

つまり、**決断をしないで取り組んだほうが、長く粘れるということ**。どんな小さなことでも意思決定をしてから作業に入ると、それだけ集中できる時間は減ってしまうのです。

反対に、意思決定の数を下げれば下げるほど、より大きな成果が得られます。

ですから、休憩から勉強や仕事に戻るときに「よし、やるか」というワンステップを必要としない、「ペンを握るだけで自動的に始められる」ような環境がつくれたら、その分、集中力が持続します。

ちなみに、**休憩の取り方で重要なのは意識を作業から切り離すこと**。具体的な休憩のノウハウは第3章で詳しく解説しますが、頭を使わない簡単なクイズを行なう、短い動画を見る、その場から離れて散歩する、短い睡眠を挟む、目を閉じて瞑想をするなど、意識をそらしながらぼんやりとリラックスできるものがオススメです。

＼まとめ／

最大の成果は、短時間の集中によって手に入る。「判断」や「迷い」がなくなる分、集中力は高まる。

ルール

3

集中力の高い人は、「疲れ」を脳でコントロールしている

「疲れているから
集中できない」は、
脳の錯覚。

仕事をしているうち、あるいは勉強をしているうち、徐々にやる気がなくなり、「疲れたなぁ」と集中できなくなってしまう……。あなたもそんな経験をしたことがあると思います。

「モチベーションが上がらない。下がった」という言い回しもよく使われます。しかし、疲れ、やる気、モチベーションは主観的なもので、勝手に上がったり下がったりするものではないことがわかっています。

一例を挙げると、心理学者のマーク・ムレイブンたちが調べた「脳が感じる疲労

感」や「モチベーションの低下」に関する研究結果があります。ムレイブンらによると、やる気やモチベーションの低下や脳が感じる疲れは、体の疲れのように疲労物質が溜まり、筋肉の動きが低下する、といった実態のある現象ではないそうです。

簡単に言えば、**脳が感じる疲労感は単なる思い込みで、やる気やモチベーションが下がったというのも主観的なもの。**つまり、「疲れているから、集中できない」というのは錯覚に過ぎず、**脳の仕組みを知りさえすれば、疲れを切り離し、やる気と集中力を取り戻すことができる**のです。

■トップアスリートが鍛えていたのは「脳」だった

同じことはアスリートを対象にした最近の研究でも明らかになっています。この研究では、「脳が疲れを感じ取るのはどういう状態か?」が重要な研究対象でした。

たとえば、被験者が「もう走れません」「もうバーベルは上げられません」と感じているとき、肉体的な限界を示す乳酸値などを調べてみると、意外にも**各種数値は限界に達していないことがわかったのです。**

むしろ、数値上では「疲れていない」範囲に収まっていました。では、何が起きてアスリートたちは限界を感じていたのでしょうか。実は、**防衛本能から脳が勝手に「限界だ」と判断し、ブレーキをかけていた**のです。

当然、このブレーキに身を任せていては、アスリートとしての運動能力は伸びません。そこで、トレーナーたちは脳が感じる限界を超えられるようアスリートをマネジメントしていきます。

その手法が、高地トレーニングや低酸素トレーニングといった負荷の高いトレーニングです。これは脳の感じる限界を超えた負荷を与えることで、「疲れた」という錯覚の起きるレベルを引き上げていく狙いがあります。これは心理学的に言えば、**暗示の一種**です。

あれだけがんばったのだから、今度も限界を超えられる。十分なトレーニングを積んだのだから、本番でも結果を出すことができる。疲れていても、もうひと踏ん張りできる力が自分には備わっている――。そう言い聞かせることで、**脳のブレーキを緩《ゆる》めて、「疲れた」という思い込みを解き、本来の力を引き出していくのです。**

■「ヒザ」と「ヒジ」を、なぜ錯覚するのか

この考え方は集中力を鍛える方法にも応用できます。

ノーベル経済学賞を受賞した心理学者ダニエル・カーネマンが、著書『ファスト&スロー』で紹介し、有名になった理論に「プライミング効果」があります。これは、**観念によって人の行動が変わるという理論**です。

子どもの頃に流行った遊びに、「ピザ」と10回言った後、肘を指差して「ここは?」と聞くと、「ヒザ」と答えてしまう、というものがありました。これもプライミング効果の一例で、事前に印象づけられることでわかっていても間違えてしまう現象です。

あるいは、あらかじめ被験者に「ライオン、ゾウ、キリン」といった単語を見せておき、「スピードの速いものを答えてください」と質問すると、「チーター」「馬」といった答えが返ってきます。実際は「光」「新幹線」「戦闘機」など、より速いものはたくさんあるにもかかわらず、被験者は自ら答えのイメージを「動物」に限定してしまうのです。

このようにプライミング効果は、外部から入ってくる情報によって、自動的に引き起こされ、その後の意思決定や思考に影響を与えます。

もう少し複雑な実験でもプライミング効果は実証されています。

ニューヨーク大学の大学生に対して、「彼」「見つける」「それ」「黄色」「すぐに」などの5つの単語のセットから4つの言葉を拾い、「彼はすぐにそれが黄色だとわかった」というような短文をつくるという実験が行なわれました。

その際、あるグループには5つの単語の中に1語だけ、「フロリダ」「忘れっぽい」「禿《は》げ」「ごま塩」「シワ」など、高齢者を連想させる言葉を混ぜておきます。

そして、文章作成のテストの後、学生たちを「別の実験を行ないます」と別室に移

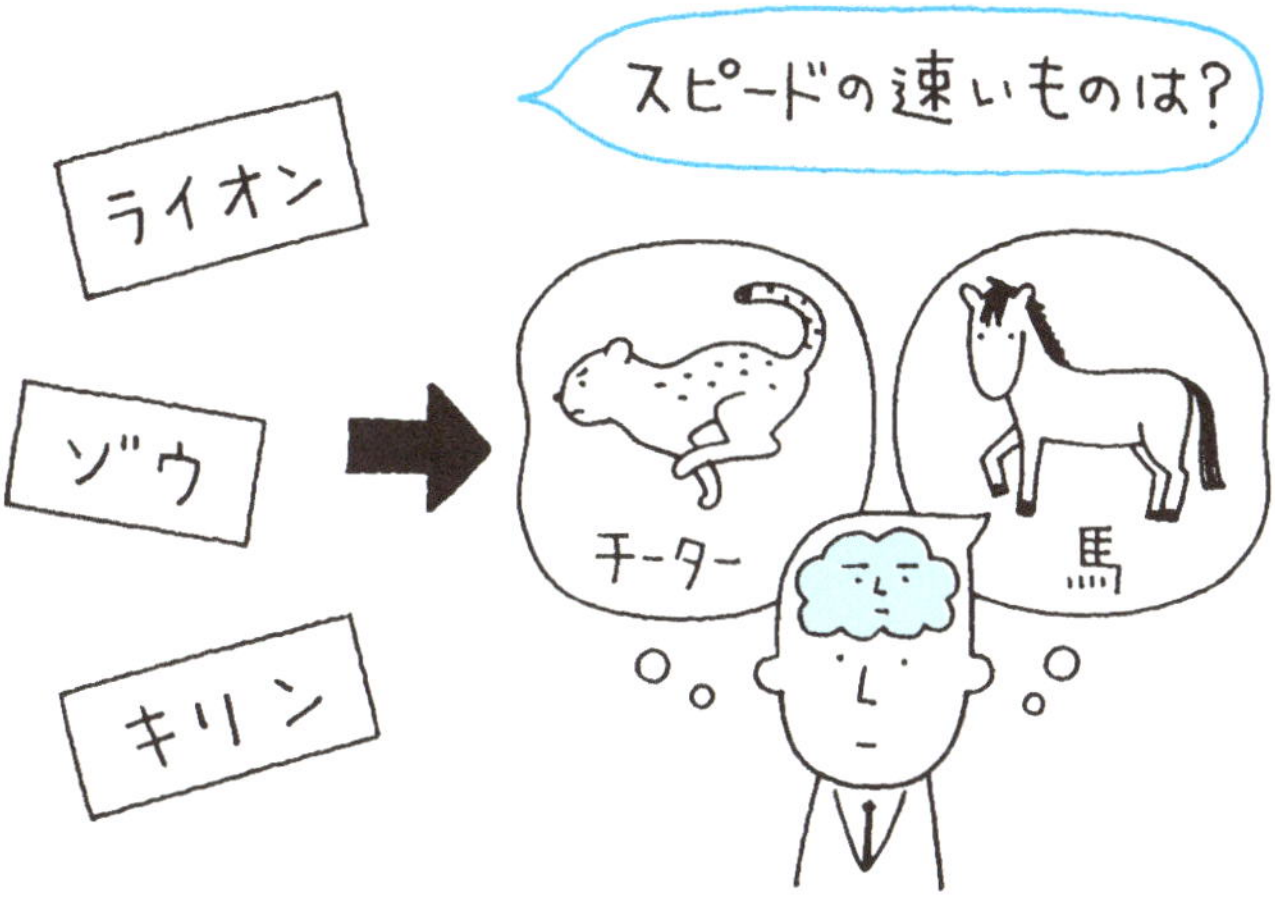

動させ、その移動時間を計測。

すると、高齢者関連の単語をたくさん扱ったグループは、**他のグループよりも歩く速度が遅くなるという結果が出ました。**

直接、高齢者や老人という言葉が1つも出てこないのにもかかわらず、**高齢者という概念をイメージさせる先行刺激を与えただけで、歩く速度が遅くなるという行動につながった**わけです。

この実験には続きがあり、単語から短文をつくる文書作成の前に部屋から部屋へ移動する際、あるグループには「普段の3分の1のスピードで歩いてください」と指示するというパターンもありました。

この場合、ゆっくり歩かされたグループは、高齢者をイメージさせる単語に対する認識速度が上がるという結果も出ています。

これと近いもので、「大学教授」についてイメージさせるだけで、テストのスコアが上がったという実験結果もあります。

■プライミング効果で、自分を素早く動かせ

このように暗示が脳に与える力は非常に強大で、たとえば、日々ネガティブなニュースに多く触れていると気分が落ち込みやすくなるという傾向も明らかになっています。

しかし、この現象を意図的に利用することで集中力を高めることができます。それは「**集中力を保つことができた**」と、自分が感じられた環境や時間を記録する方法です。

意識するか、しないかは結果に大きな影響を与えます。実際、**記録するだけで行動が変わるケースは、さまざまな実験によって立証されています。**

たとえば、ホテルの客室清掃を行なう人たちを被験者にした実験があります。

研究者は彼らを2グループに分け、一方のグループには客室清掃の作業を通じて消費するカロリーを一覧にしたカロリー表を配付。もう一方のグループには配付しません。

そして、カロリー表を配ったグループには1日の勤務の最後に自分が仕事を通じて「どのくらいカロリーを消費したか」計算するように頼みます。ベッドからシーツを外して○キロカロリー、シーツを敷き直して○キロカロリー、風呂の掃除をして○キロカロリー、タオルを交換して○キロカロリー、と。

その条件で、2つのグループそれぞれにいつも通りの仕事をしてもらいます。すると、まったく同じ作業をしているのに、カロリー表を渡されて自分が使っているカロリーを意識したグループと、そうではないグループの間で**健康状態が大きく変わる**という結果になりました。

カロリー表を手に消費カロリーを記録していたグループでは、**体脂肪が落ち、血液の健康度が上がり、体年齢が若返るといった現象が起きた**のです。一方、普段通りの仕事を続けたグループでは特筆すべき変化は何も起こりませんでした。

単に作業するのではなく、その作業が健康にいいと意識するだけで、体の状態すら変わっていくのです。

この実験からもわかるように、どこに意識を向けているかによって同じ時間、同じ作業をしていても成果には大きな差が開きます。

集中力に関して言えば、自分がどのくらいの時間、どのような環境でいると集中できたのかを記録すること。それをくり返すうち、**あなたの脳にはプライミング効果による暗示がかかり、その環境、その時間帯には自然と集中できるようになります。**

よく「疲れたとか言うな」という教えがありますが、意外と科学的な根拠があるということですね。

集中力が高い人は、自分の集中しやすい環境にこだわり、入ってくる情報やモノ、単語（言葉）ですら選び取っているのです。

まとめ

無意識に秘められたパワーは大きい。集中を妨げる「幻想の疲れ」を打ち砕け。

第2章

高い集中力を生み出す7つのエンジン

トップスピードで「すぐ没頭できる」自分に変わる

第1章で、かつて人類が天敵から身を守っていた「野性の記憶」が、集中の持続を妨げているというエピソードを紹介しました。この持って生まれた本能に対して、私たちには〝逆に〟働く本能も備わっています。

それが、本章で解説する**集中力を起動させる7つのエンジン**です。

これらのエンジンを巧みに使い分けていくことで、あなたの中に備わっている才能の力を借り、自在に集中力を発揮できるようになります。

第1章でお伝えした、「ウィルパワーを増やす」という視点と「ウィルパワーを節約する」という2つの視点をイメージしながら、読み進めてください。

集中力を操る7つのエンジン

エンジン
1

場所

いるだけで
集中してしまう
環境を整えろ。

いきなりですが、質問です。
「あなたは、勉強机にペン立てを置くならどれがいいと思いますか？」

1．赤色のペン立て
2．水色のペン立て
3．黄色のペン立て

もちろん、好きな色を選んで構いません。

しかし、**勉強机にモノを置くなら、水色が最適です**。なぜなら、「水色には、集中力を高め、体感時間を短くする効果がある」と言われているから。机に向かったとき、水色が視界に入ることで集中した状態に入りやすくなり、なおかつ、60分を45分くらいに感じるので、勉強が思った以上に進みます。

つまり、**水色は学習に適した色**なのです。

私の机ですか？　もちろん、水色のペン立てを使ってきました。

こうした色が心に与える影響は、色彩心理学として理論化されています。

たとえば、赤色は闘争心をかき立て、黄色は注意力を喚起し、緑色にはリラックス効果があります。ですから、勉強机に赤色のペン立てを置くのは最悪で、赤の持つ心理効果によって思考力が低下してしまうことがわかっています。赤を使って「成果」が上がるのは、運動と恋愛の場合だけです。

逆に、集中力を高める水色の効果はさまざまな場所で取り入れられています。

野球のキャッチャーミット（ピッチャーが集中できるように）、陸上のトラック（昔は赤でしたが、今は青系のグラウンドが増加）などスポーツの分野でも多く見られます。

このように私たちは、無意識のうちに色によって誘導されているわけですが、逆に考えれば、色彩の作用を知っているだけで自分を「望む方向」へ誘導できるのです。

そして、これは何も色に限った話ではありません。

集中したいと願うなら、オフィスや自宅の部屋、外で仕事をするときなど、**あなたを取り巻く環境の中に「集中力を起動させるエンジン」を配置しましょう**。水色のペン立ては、そんな工夫の一例に過ぎません。ここでは今日からすぐにでも始められる、集中力を起動させる「場所づくり」を紹介していきます。

そのスマホが、あなたから集中力を奪う

当然ながら仕事や勉強をするうえで集中しやすい場所にいるかどうかは、結果を左右する重要なポイントになってきます。

たとえば、机の上がきれいに整理されていない。書類や資料がバラバラに散らばり、必要なときに出てこない。机の周りがそんな状態では、小さな選択（探し物）が連続

して発生し、肝心な机に向かう前にウィルパワーが消費されてしまいます。

人は集中し始めるときに、より多くのウィルパワーを使います。

ですから「さあ、やろう！」と思ったときに、邪魔が入るほどの障害はありません。たとえば、書類を作成しようとパソコンのキーボードに向かった途端、メールの受信音や電話の着信音が聞こえ、スマホが明滅する。その音や光に気づき、視線をスマホの画面に向けただけで、ようやくかかり始めていた集中のエンジンは止まってしまいます。

場所が集中力に与える影響は、あなたの想像以上に大きなものなのです。

というわけで、集中力を促す「場所」にするために、見直したいのは**机周りや作業スペースでのスマホやケータイの扱い、そしてモノを片づける**ことです。

前者に関しては、可能であれば電源を切ってしまい、そこには持ち込まないこと。デスクの上にケータイやスマホがあるだけで集中力が落ちるという実験結果も出ています。

しかし、そこまでは徹底できない場合も多いでしょう。

そこで、私も実践しているのが、マナーモードやサイレントモードにしたうえで、引き出しの中にしまってしまうという方法です。机の下の足元や背後のキャビネットなど、目につきにくい場所がいいでしょう。そして、集中の途切れるサイクルに合わせて、電話の着信履歴やメール、メッセージを確認します。

ちなみに「集中の途切れるサイクル」とは、第4章の時間術3「ウルトラディアンリズム」で勧めている「90分集中して、20分休む」サイクルのことです。

よほどの急ぎの案件を抱えていない限り、このサイクルでチェックしていれば大きな支障はないはず。**スマホやケータイをはじめ、注意をそらすものを断捨離する。**これが集中力を起動させる「場づくり」の基本となります。

■モノを減らすほど、自己コントロール力が増す理由

そして同じ理由から部屋の中に置くモノやレイアウトも非常に重要です。集中力のエンジンになる部屋、ブレーキになる部屋があります。

昔からよく言われている通り、モノが散らかっている部屋や机は集中力を奪います。

このことは散らかった部屋で作業してもらうAグループと、きれいに片づいた部屋で作業してもらうBグループを比較した心理学の実験でも証明されています。

両グループに同じ作業を同じ時間してもらった後、「どれだけ自分の自制心を保てるか」というテストを受けてもらいます。するとBグループに比べ、**散らかった部屋で作業をしていたAグループの人たちのほうが、気が散りやすく集中力がなくなっているという結果になった**のです。

というのも、部屋を歩いていて何か障害となるモノがあると、不安や恐怖といった感情を司る脳の扁桃体《へんとうたい》が反応してしまうからです。リビングのフローリングの上に、同居人の置いた何かがあるだけで、「これはなんだ?」と警戒する本能が働き、そこにあるモノに注意を奪われてしまうのです。

つまり、机の上や家の中がきれいに保たれていないと、勉強や仕事に向かう集中力は下がり、合わせて自己コントロール機能も低下するので、家族と喧嘩しやすいなどのデメリットが生じます。

部屋や机をきれいな状態に保っておくこと。「片づけ」は、集中力を起動するスイッチになるのです。できれば、身の周りの片づけは「習慣」にしたいもの。習慣については、126ページで詳述しています。

環境と条件で、自分を誘導する

これは私の学生時代の経験ですが、「勉強が続かない」「家だとだらけてしまう」と言う友だちの部屋は、入った途端に「その理由」がわかりました。雑然と散らかっているケースもそうですが、片づいていてもリラックスするモノや気を逸《そ》らすモノが置いてあると、どうしても集中力は逃げていきます。

たとえば、テレビと向き合った場所に座り心地のいいソファがあって、その間にローテーブルが置かれ、勉強するときは床に座って資料やノート、パソコンに向かっている。これでは絶対に集中できません。

というのも、その部屋はソファでリラックスしながらテレビを見るためにつくられているからです。きっとドラマや映画を見る間はとても集中できるでしょう。

でも、勉強するための集中のエンジンは、アイドリングの間に邪魔が入り、すぐにエンストしてしまうはずです。

社会人の方でも学生時代の部屋を変えずにそのまま暮らしている人は少なくありません。**自分が最も重視したい目的に向けて、部屋を整えましょう。**

ちなみに、私の勉強部屋や、仕事部屋にあるのは、テーブルと本だけ。仕事や勉強に関係のないモノは、一切持たないようにしています。すると、その何もなさが〝強制力〟となり、その部屋で唯一できることに対して集中するようになるのです。

ある心理学者が、日給10万円の報酬と引き換えに、何もない部屋で何もしないという実験を行なうため、被験者を募集しました。三食の食事は提供され、被験者は床に寝ていても、ボーッと座っていても構わない。しかし、本など、外部から何かを持ち込むことは厳禁という条件でした。

募集に対して、旅行資金を貯めるなどの目的を持った学生など、何人もが参加。ところが、1日居続けられた被験者はごく少数で、3日間持った被験者はゼロでした。

リタイアした被験者は全員、「なにもしないことに耐えられない」と言い、体調を崩す人も出たそうです。

逆に言えば、**集中したい対象以外、「なにもない場所」をつくることで自然と集中力は高まり、勉強も仕事も捗《はかど》っていきます。**

自宅よりもカフェなどのほうが集中できるのも、自分の持ち物が取り組む作業以外になにもない場合です。勉強しようと思ってカフェに行っても、テーブルの上にスマホを出した途端、集中は断片的なものになっていきます。ネット、SNS、メールの通知……、私たちの注意力を奪うトラップが、身の周りにたくさんあります。集中したい人にとって、現代は不幸な時代ともいえるでしょう。

なにもしないことに耐えられない人間の本質を利用するため、暇つぶしやくつろぎの材料を排除してしまうことです。

部屋を目的に合わせて最適化するのは、人間の本能を活かした、集中力を起動させるエンジンとなります。

場所ごとに、やるべき行動を決めておくと迷わない

机に置くだけで、集中力が高まるアイテムとは？

余計なモノを省き、学ぶことに最適化された私の机には、なぜか勉強や仕事に関係ないはずのアイテムが1つあります。そのアイテムとはなんだと思いますか？

答えは、**「鏡」**です。

いつもよりも長く連続して集中していたいとき、私はちょうど自分の顔が映る位置に鏡を置きます。本を読み、ノートに書き込み、ちょっと疲れたなと感じて顔を上げたとき、視線の先には鏡に映った自分の顔がある状態です。

私は直前まで集中して本やノートに向かっていた自分を再認識します。そして、集中力が切れてきたときには、だらけ始めた自分に気づき、「いかん、いかん」と戒《いまし》めるわけです。すると、今の自分と理想の自分を比べて、理想の自分に近づけようと思う力が生まれます。

こうした思いを心理学では**「自己認識力（客観的に自分を見る力）」**と呼びます。**高い**

集中力を保って机に向かう自分でありたい。鏡に映る自分を見ることは、自己認識力を高める効果があるのです。

今、私の仕事部屋には、2mの全身鏡が3枚あります。受験生だった当時も、全身が映るくらいの鏡を部屋の壁に立てかけて、机に向かっていました。

鏡の効果は勉強だけに限りません。会社のデスクのどこかに自分の働く姿が映る鏡を置くことで、気が抜けてしまったとき、集中力を再起動させるエンジンの役目を果たしてくれます。

■仕事や勉強の内容によって、場所を移す

集中したい対象によって、自分が身を置く場所を変えたほうが効率的なケースもあ

ります（これにより第1章で述べたプライミング効果も働きます）。たとえば、ある調査によると、天井の高い部屋のほうが人はアイデアを生み出しやすくなるそうです。

つまり、いいアイデアが欲しいと思ったら、天井の高い部屋へ行くか、青空の下を散歩すればいいということです。実際、私も仕事場は天井の割と高い部屋を選んでいます。**「アイデアは、天井の高さに比例する」**というわけですね。

一方で、天井の低い部屋は細かい作業に集中しやすくなるということもわかっています。基礎知識や基本問題を頭に叩き込むような勉強をするとき、会計や事務などの手作業をするときには天井の低い部屋のほうが、集中できるというわけです。

ぜひ、オフィスや学校、カフェなど、あなたの身の周りの環境で、天井の高い場所と低い場所を探してみましょう。

集中力と分析能力を高めてくれる光と音

集中力を高める場所づくりとして「机周り」や「天井の高さ」について触れました。

最後に紹介するのは「光」と「音」です。

スマホやパソコンの画面が発するブルーライトは、寝る前に浴びてしまうと睡眠の質が落ちると言われています。しかし、ドイツで行なわれた研究によって、**昼間に浴びるブルーライトは集中力、分析能力、思考力を高めてくれることがわかりました。**

さらに昼食後の頭がぼんやりしやすい「魔の昼過ぎ」に、集中力を保つのに役立つと指摘する研究もあります。その他、青い光が持つ効果とされているのが、心理的回転能力（頭の中で立体物をイメージしながら動かす能力）を上昇させる効果です。

逆に**白熱電球などの黄色い光の下では、クリエイティビティがアップします。**

おもしろいことを考えるときには、煌々《こうこう》とした光の下ではなく、少し薄暗いほうが効果的。組み合わせるなら、天井が高く、少しざわざわした薄暗い店でアイデア出しをすると、普段は思いつかないようなユニークな発想が出てくる可能性が高まります。

これは**薄暗く黄色い光によって、意識がぼんやりした状態になるから**です。机に向かっているときよりも、散歩中やトイレに入っているとき、就寝する前の布団の中でおもしろいことを思いつくのも同じ仕組み。明晰《めいせき》な思考が動かない環境にいると、脳

の違う部分が刺激され、アイデアが出やすくなるのです。

また、東大合格者を対象にしたある調査では、実に50％以上の東大合格者が自分の部屋ではなく、リビングや喫茶店など、あえて騒がしい場所で勉強をしてきたことがわかっています。これは「集中力と音」の関連性を示しており、ブリティッシュコロンビア大学が行なった研究によっても、おもしろい結果が出ています。

被験者を「図書館くらいの静かな場所」と「カフェくらいのうるさい場所」と「工事現場くらいのうるさい場所」の3グループに分け、それぞれにアイデア出しや企画立案など、創造性が求められる作業を実施。そのうち最もいい結果が出たのは、カフェくらいのうるさい場所でした。しかも、思索に適していると思われる静かな図書館と、不適だと思われるうるさい工事現場の結果はほぼ同じというデータも出ています。

ところが、**なにかをインプットする作業には静かな場所のほうが適している**そうです。とくに内向的な人はノイズの影響を受けやすいので、密閉型のイヤホンを使い、音をシャットアウトするといいでしょう。

この密閉型のイヤホンは、私も重宝していて、インプット作業をするときは耳栓として使い、アウトプット作業のときは音楽を流すこともあります。さらに静けさを求めたい方は、ノイズキャンセリング機能の付いているイヤホンやヘッドフォンを使うといいでしょう。

まとめ

スマホや不要なモノから離れるほど、集中力は高まる。目的に応じて自分だけの「集中ルーム」を持っておこう。

エンジン2

姿勢

もう長時間、座らない！
姿勢とパフォーマンスの
驚くべき関係とは？

こんな経験はないでしょうか？
続きはこっちで……と思い、ベッドや布団に寝っ転がった姿勢で本を読んでいたら、気がつくと寝落ちしていた。
「早く仕上げなきゃ」とはやる気持ちでイスに座り、パソコンのモニタに向かっていたら、いつの間にか前傾姿勢になっていて、首や肩の疲れを感じていつもより早く集中が途切れた。長時間デスクワークを続けていたら、無意識のうちにあくびが出て、何回も何回も伸びをしていた。
これらはいずれも自然なこと。集中が途切れてしまった原因は、「姿勢」にあります。

散らかった部屋がウィルパワーを奪っていくように、集中に適さない姿勢のまま作業することは無駄にウィルパワーを消費することにつながります。

作業の前に姿勢を整える。たったそれだけの準備が、あなたの体を集中しやすい状態へと導いていくのです。

その理由は脳の仕組みにあります。集中力の源であるウィルパワー。それを司る**前頭葉（脳）のエネルギー源はブドウ糖と酸素**です。そして、この2つを脳に送り届ける役割を担っているのが、**「血流」**です。

健康な人の脳には、常時、体内の全血液の15%が集まっています。しかし、脳の大きさ自体は、全体重に占める割合の2%ほど。そんな小さな器官が大量の血液を必要とするのは、脳がいかにたくさんのエネルギーを求め、使っているかを示しています。

この脳へ向かう血流と密接に関係しているのが、姿勢なのです。

ご存知の通り、血液は心臓がポンプの役割を担い、体中を巡っていきます。通常であれば、この血液の循環だけで生活するに足りるエネルギーが全身に供給されます。

しかし、ジョギングなどをすると心臓の鼓動が速くなるように、エネルギーを多く使うときには変化が生じます。

これは集中力を持続して発揮させたいときも同じ。脳は通常時よりもブドウ糖と新鮮な酸素を必要とします。そこで問題となってくるのが、姿勢です。

勉強や仕事は座ったままで続けることが多いわけですが、座り姿勢はどうしても長時間になると無意識のうちに崩れてきます。

たとえば、腰が曲がり、猫背になると、胸のあたりが圧迫され、自然と呼吸が浅くなります。すると、血液の循環が落ち、脳が求めるペースでの新鮮な酸素の供給が滞《とどこお》り始めるのです。

その結果、あくびが出たり、ボーッとして集中力が低下します。逆に腰が伸びることで、呼吸が深くなり、血液が循環しやすい環境が整い、脳への酸素も十分に供給されます。姿勢を正すことは集中力を高めるためにとても重要なことなのです。

ちなみに**姿勢が良くなると、前頭葉の機能が活性化される効果もあります。**これは、横隔膜などの呼吸に関係する筋肉が正常に働き、前頭葉により多くの酸素が送り込まれるようになるからです。

あなたは、集中しづらいこんな座り方をしていませんか？

そこで、正しい座り姿勢についてチェックしていきましょう。

まずは、ダメな例から。

- **背中が丸まっている**……パソコンのモニタや資料、教科書などに集中してしまい、顔が前に出て背中が丸まっている。
- **肘掛けやデスクに片肘をついている**……頭の重さを支えるように片手で頬杖をつき、考え込んでいるなど、体を支えるために片肘をついてしまう。
- **腰が伸びてしまっている**……楽な姿勢だと勘違いして、背もたれに背中をべったりともたれさせ、さらにお尻はイスの前のほうに出てしまっている。
- **つい脚を組んでしまう**……なんとなく落ち着くのか、気づくと脚を組んで体を斜めにしてデスクに向かっている。

4つのポイントのうち、1つだけが当てはまる人もいれば、すべてやってしまっているという人もいることでしょう。いずれにしろ、こうした座り姿勢では、集中力が途切れがちになってしまいます。

左ページのイラストでは、集中力が起動する「座り姿勢」のポイントを紹介しています。

左の4つのポイントを常に意識し続けることは非常に面倒だと思います。また、そちらに注意するばかりで作業の能率が落ちるのも本末転倒です。

そこで、1日に何回か、正しい座り姿勢を思い出し、座り直してみる習慣をつくりましょう。一見、疲れそうな座り方ですが、**最も合理的に全身に力が分散され、血流が阻害されず、集中力が持続する理想的な姿勢です。**

ちなみに私は、姿勢が悪くなると振動でそれを教えてくれる「Lumo Lift」というウェアラブルデバイスを愛用しています。アメリカのアマゾンでは、非常に人気の高いアイテムのようです。

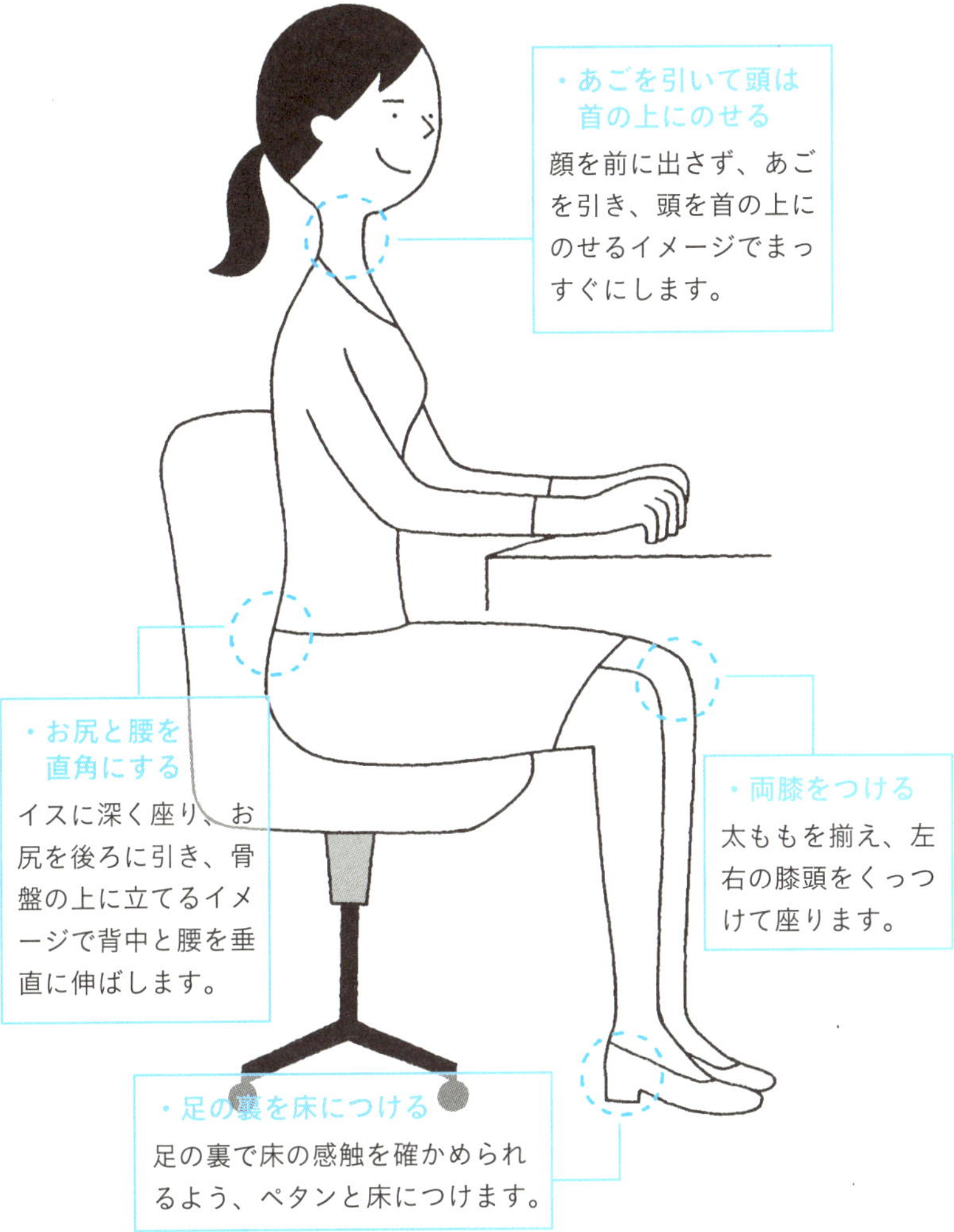
・あごを引いて頭は首の上にのせる
顔を前に出さず、あごを引き、頭を首の上にのせるイメージでまっすぐにします。
・お尻と腰を直角にする
イスに深く座り、お尻を後ろに引き、骨盤の上に立てるイメージで背中と腰を垂直に伸ばします。
・両膝をつける
太ももを揃え、左右の膝頭をくっつけて座ります。
・足の裏を床につける
足の裏で床の感触を確かめられるよう、ペタンと床につけます。

15分に一度、立ち上がるだけで脳がクリアになる

座り姿勢と集中力の関係について紹介してきましたが、私自身は**仕事も勉強も立ってやるのが一番いい**と思っています。

さまざまな研究から、人は15分以上座っていると、認知能力も集中力も低下して作業効率が落ちていくことがわかっているからです。

その他、1日に6時間、イスに座る生活を続けていると、たとえ日常的に運動する習慣を持っていたとしても、1日3時間しか座らない生活の人に比べ、15年以内に死亡するリスクが40％増えるのだとか。

こういったリスクを回避する方法は1つだけ。それは、**イスに座る時間を減らす**ことです。

デスクワークが中心の仕事をしている人はもちろん、家でのパソコン作業など、長時間イスに座りっぱなしになっている人は多いのではないでしょうか。

現代は人類史上最も座っている時間が長い生活スタイルとなっています。

とはいえ、すぐに立ち仕事中心の暮らしを実践するのは無理な話です。オフィスワーカーであれば、仕事中はデスクから離れられず、部屋から出にくいシチュエーションの人がほとんどのはず。そこで、オススメしたいのが、15分に1回のペースで一旦、イスから立ち上がることです。

そのタイミングでイスから立ち上がることで、**脳に新しい刺激が伝わり、集中力を持続させる効果が得られます**。

コピー機まで歩く、資料や飲み物を取りに行く、手洗いに行って冷たい水で手を洗うなど、イスから立ち上がる動作であれば、仕事中や勉強中にも自然と取り入れることができるはずです。

15分に1回というペースは集中が途切れるには早すぎると思うかもしれませんが、**15分をワンセットと考え、4回くり返せば、1時間**。脳が疲れや飽き

を感じる前にイスから立つ。こんなわずかな動きを入れるだけで、集中が続いていくと考えれば、あなたもこれが意外に大きなメリットだと気づくのではないでしょうか。

ですから、少なくとも15分に1回は立ち上がったほうがいい。だったら、そもそも立ちっぱなしでときどき座るくらいでいいのではないか？　私はそう考え、スタンディングデスクとスツールの組み合わせを試しています。

立っているときは、座っているときに比べて認知能力や集中力、判断力も大きく上昇することが研究で明らかになっています。とくに素早い判断や思考が必要な場面では、立ったままのほうが有効です。

実際、ある外資系企業では、立ったままの会議を取り入れたところ、判断、決断が迅速に行なわれるようになり、会議時間が短くなったそうです。

スタンディングデスクの長所は、立ったまま作

業ができること。座っている状態よりも自然に姿勢も良くなり、また**第2の心臓と呼ばれるふくらはぎがよく動くので血流も改善します**。

そして、ときどき腰掛けるイスに関しては、背もたれのないシンプルなスツールを使っています。座面の高さが調整できるとベストです。気軽に座ったり、立ったりできるので気分転換もしやすく、持ち歩くことも簡単なので場所を変えて作業することもできます。

私は読書の際も部屋の中や安全な場所を歩きながら、本の中の気になったところにマーカーを引き、さまざまな情報を得ています。**仕事や勉強は座ってやるものという固定観念を捨てること。**それも集中力を起動させるエンジンの1つになります。

＼まとめ／

時間をかけずに、その場で集中できる方法が「姿勢」。まずは15分に一度、立ち上がることから始めよう。

エンジン

3

食事

キーワードは「低GI」。
集中力は、
口にするもので決まる!

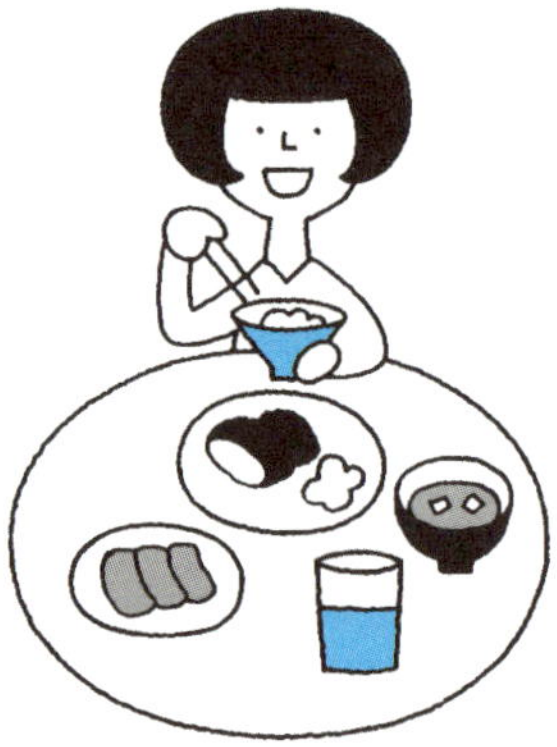

当たり前のことですが、人間は食べることでエネルギーを補給しながら生きています。しかし、忙しくなってくるとついつい食事を「空腹を満たすためだけのもの」にしてしまってはいないでしょうか?

実は、食事の内容に気を配るだけで、あなたの集中力は劇的に変化していくことが、脳科学と栄養学の分野で証明されています。

そこでまずは、集中力の源であるウィルパワーを生み出しやすい「脳と食事の関係」について解説します。少し長くなるので、読み飛ばしてしまいたい方は、**「脳はブドウ糖がないと働かない」**とざっくりと理解していただければ大丈夫です。

集中力を生み出す脳を動かすために不可欠なエネルギー源となっているのは、次の6つの栄養素です。

・ブドウ糖
・脂肪酸
・リン脂質
・アミノ酸
・ビタミン
・ミネラル

複雑な働きをする脳に、「これだけ摂っていれば大丈夫」という栄養素はありません。これらの栄養素が関係し合って、脳を動かしているからです。しかし、集中力に関して言えば、この6つの中でブドウ糖が非常に重要な役割を果たしています。

というのも、脳は他の体の組織と違い、エネルギー源としてブドウ糖しか活用することができないからです。

言わば、**ブドウ糖はウィルパワーの燃料庫**。集中力を支える源でもあるのです。

しかも脳は〝大食い〟で、体重に占める割合は2％にすぎないにもかかわらず、エネルギー消費量は18％にもなります。その消費量は毎時5グラム。脳はブドウ糖を備蓄することができないので、足りなくなった分は肝臓に蓄えられているグリコーゲンを、必要に応じてブドウ糖に変えることで補われています。

しかし、肝臓に備蓄できるグリコーゲンは60グラム程度が限度なので、最長でも12時間しか脳にブドウ糖を供給することができません。

つまり、その間に食事をし、エネルギーを補給しなければ脳は燃料不足に陥ります。当然、体を動かす司令塔である脳が栄養不足となれば、思考力と行動力も低下。集中力も途切れがちになります。

ちなみに、脳は睡眠中も休むことなく働き続けているので、その間もブドウ糖を消費しています。ですから、起き抜けにボーッとしているのは、当たり前のこと。脳はエネルギーを食いやすい器官なのです。

「低GI食品」と「間食」が、集中力を持続させる

では、具体的に何をどのように食べていくと、集中力が高まるのでしょうか。キーワードは「低GI食品」と「間食」です。

ちなみに、GIはGlycemic Index（グリセミック・インデックス）の略で、食事の後、2時間の血糖値がどのように上昇していくかを示す指標のこと。食べたらグンと血糖値が上がる食べ物を「高GI食品」、じわりと上昇していく食べ物を「低GI食品」と呼びます（103ページに代表例を載せています）。

低GI食品の特徴は、血糖値がおだやかに変化すること。実は、これが集中力の持続にとって非常に重要なポイントとなります。

食事によってブドウ糖が補給されると、血糖値が上昇。すると、脳にもエネルギーが行き渡り、集中力も思考力も高まります。

一方、血糖値の下降時には集中力が途切れてしまいます。

注意してほしいのが、急激に上昇した血糖値は、急激に下降する性質を持っていること。なぜ、注意してほしいかというと、この**血糖値の乱高下に、人間は強いストレスを感じる**からです。

たとえば、高ＧＩ食品中心の朝ごはんを食べた場合、こんなことが起こります。食事の後は血糖値が上がり、ボーッとした状態からスッキリと物事が考えられる状態に変わっていきます。しかし、その集中状態が長続きしません。血糖値の下降とともに集中力は落ち、注意力も散漫になってしまいます。朝からイライラするのは、口にした食事のせいかもしれません。

そこで、血糖値がおだやかに変化する低ＧＩ食品の出番です。

次ページにリストを載せましたが、たとえば、同じパンでも全粒ライ麦パンやピザ生地は低ＧＩ食品で、食パンやフランスパン、ベーグルは高ＧＩ食品となります。その他、玄米、オート麦、キヌア、リンゴ、そば、トウモロコシ、黒糖など自然界の状態に近い形で口に入る食品が低ＧＩである傾向があります。玄米ならいいのですが、白米は典型的な高ＧＩです。

低GI食品と高GI食品

低	中	高
そば、玄米	うどん	白米、パン
全粒粉パン	サツマイモ	カボチャ
リンゴ	プリン	せんべい
チーズ	クッキー	
ヨーグルト	バナナ	

こうした**低GI食品を3度の食事にうまく盛り込み、血糖値の変動をおだやかな状態に保ちつつ、ウィルパワーの燃料であるブドウ糖を脳へ送り届けること**。これが集中力を高める食事の基本となります。

とくに脳がエネルギー切れとなっている朝の食事は重要です。朝食抜きの暮らしで、午前中の集中力を高めることはできません。朝は低GI食品中心のメニューで、しっかりと朝ごはんを食べましょう。

全粒粉パンとリンゴ、ヨーグルトといった**低GI朝食ならば、ちょうど食べてから2時間後に集中力のピークがやってきます**。通学前、通勤前のタイミングで食事を済ませれば、学校や会社に着いて授業や仕事が始まる頃、自分の頭を最も冴えた状態に持っていくことができるのです。

ちなみに私は、GI値の低いマグロやアボカド、玄米を使った丼をよく調理して食べています。

■間食の時間は、血糖値のカーブに合わせる

3度の食事を低GI食品中心で組み立てたとしても、やはり食後、3時間弱で血糖値は低下し始めます。そこで、使いたい切り札が**「間食」**です。

昔から「3時のおやつ」と言いますが、昼ごはんを食べてから約3時間後に再び、おやつを食べるのは非常に理に適ったブドウ糖の補給方法だと言えるでしょう。ただし、白砂糖たっぷりのケーキやおかしは、典型的な高GI食品。血糖値がグンと上がる分、下がるときも急降下してしまいます。

ピーナッツ、ヘイゼルナッツ、カシューナッツ、クルミ、アーモンド、ペカンナッツ、カボチャの種、ひまわりの種などは炭水化物の量が少なく、たんぱく質を含む理

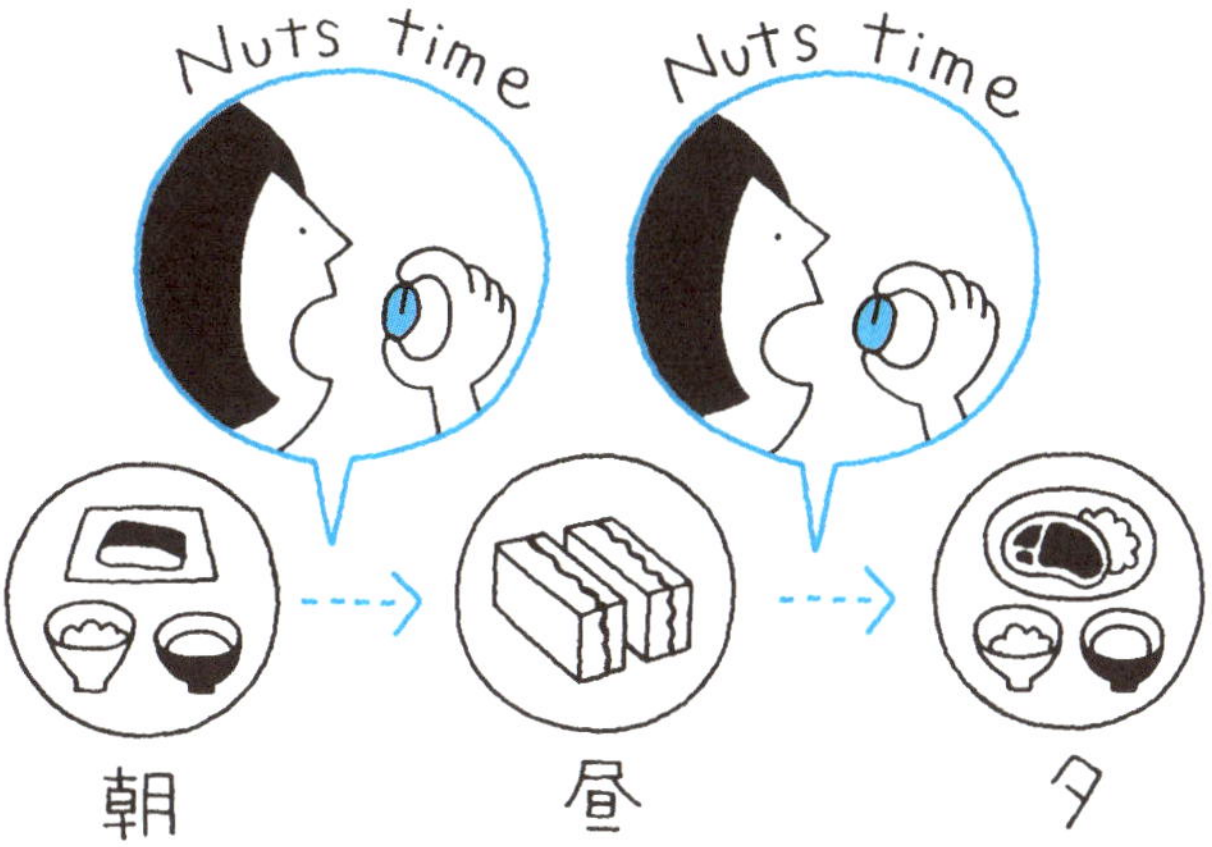

想的な低GI食品であることに加え、亜鉛、オメガ3脂肪酸、オメガ6脂肪酸、葉酸、ビタミンE、ビタミンB_6が豊富に含まれています。

これらはいずれも**集中力、思考力を高める成分であり、とくにオメガ3脂肪酸、オメガ6脂肪酸は天然の抗うつ効果があるとされ、ポジティブな思考にもつながります。**

しかも、ナッツ類なら間食で満腹になって眠くなるということもありません（分量は、手のひら一杯分くらいを目安にするといいでしょう。無塩ナッツがお勧めです）。8時に朝ごはんを食べた後であれば、血糖値が下がってしまう30分くらい前、10時台にちょっとつまむ。そして、昼ごはんの後は3時のおやつの時間帯につまむ。このように、こまめにナッツを摂ることで、脳にブドウ糖を補給し、集中力を回復させていくことができます。

こうしたサイクルは、**「セカンドミール効果」**と呼ばれ、ＧＩの提唱者であるトロント大学のジェンキンス博士が発表した概念です。

また、ナッツや大豆などは、食物繊維が多く、その後の食事によって体内に入ってくる炭水化物の消化と吸収を遅らせることができ、食後の血糖の急な上昇を抑える効果も期待できます。

まとめると、集中力を深め、持続させるエンジンとなる食事とは、**低ＧＩ食品を中心とした3食＋ナッツ類を中心としたおやつの補給となります**。

この組み合わせを基本として、ぜひ、食生活の見直しを進めてください。

知っていますか？
コーヒーやエナジードリンクの正しい飲み方

ここからは「食事」についての小ネタをいくつか紹介していきます。

まずはコーヒーとエナジードリンクです。あなたも一度や二度は、集中力を回復させようとコーヒーやエナジードリンクを飲んだことがあるのではないでしょうか？

その際、効き目はどうでしたか？　集中できたと感じている人も少なくないと思います。実際、コーヒー、エナジードリンクのどちらにも含まれているカフェインには、認知能力の低下を防ぐ効果が認められています。

ただし、その効果をしっかりと活かしていくためには、ちょっとしたコツが必要です。まず、飲む量に関しては、コーヒーの場合1日450mlくらいが適量とされています。スターバックスのグランデサイズないし、小さめのコーヒーカップなら3杯くらいです。

それ以上のカフェインの摂取は**脳への刺激が過剰になり、メリットよりもデメリット（ストレス過敏）のほうが大きくなってしまいます**。

一方、エナジードリンクの適量は125ml。これは実際にレッドブルのロング缶を半分、1本、2本と飲んで、認知能力への影響を調べた実験の結果から導き出された量です。ショート缶ならひと口、ふた口分残すくらいが適量、ということになります。

そして、いずれの場合もカフェインが効果を発揮し出すのは、飲んだ20〜30分後。ですから、完全に眠くなってしまった後や集中が途切れたと感じた後ではなく、少し先回りして飲むほうが効果的。加えて、可能ならば第3章で述べる「パワーナップ（ごく短い時間の仮眠）」と組み合わせると、スッキリ効果が上昇します。

私は**午後の眠くなってくる時間の前にヨーグルトを食べ、コーヒーを飲み、10分ほどのパワーナップをし、再び仕事に戻るというサイクルを取り入れています**。脳に休息を与えた後、カフェインで刺激することになり、認知能力をぐっと高めることができるのです。

コーヒーとヨーグルトを一緒に摂る

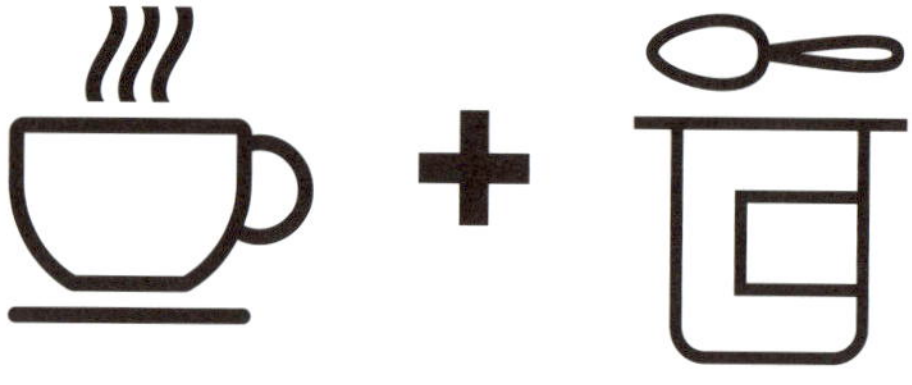

ちなみに、なぜ「ヨーグルト」をコーヒーと一緒に摂るかと言うと、**カフェインの効果が切れたときの体のだるさを回避するため**です。コーヒーをブラックで飲むと90分から150分でカフェインの効果が切れてきます。

その際、かえって体がだるくなってしまうケースがあります。しかし、ヨーグルトなどの乳製品を合わせて摂ると、脂肪分がカフェインの吸収をおだやかにし、効果が切れたときの反動を和らげてくれるのです。

■コップ一杯の水だけで、集中力は上がる

食事に関連するポイントとしては、もう1つ重要なのが水分の補給です。

脳の80％は水でできているので、水分の不足がそのままウィルパワーを減少させる原因となっても驚きではありません。実際、**水を飲まないと集中力と記憶力が落ちるという研究報告はいくつもあります**。

一例を挙げると、イースト・ロンドン大学とウェストミンスター大学の研究者たちは、水と集中力に関してこんな実験を行なっています。

知的な作業に集中する前に約0・5リットルの水を飲んだグループと、飲まなかったグループを比較。飲んだグループは飲まなかったグループに比べ、14％も反応時間が早くなることを発見しました。

具体的には体から2％の水分が失われると、一気に集中力が低下してしまうことがわかっています。とくに夏場の集中力の低下の原因は、暑さ以上に水分不足が影響しています。ですから、**夏場に「水はこまめに飲んだほうがいい」と言われるのは、集中力の持続のためにも正しいこと**なのです。

また、この水分不足による集中力の低下の影響は年齢を重ねるほど、大きくなっていきます。もし、あなたが40代、50代以降の年齢であるなら、若いときよりも頻繁に水分を補給するよう心がけましょう。

水分の不足は、ホルモンの不均衡となって脳へ影響します。この悪影響を避けるためには、こまめに水を飲むこと。それだけで脳の働きを助け、知的能力を向上させる効果があるのです。

では、2%の水分の減少を防ぐには、どれくらいの間隔で水を飲めばいいかというと、**1~2時間にコップ1杯ほどの水分を補給するというのが目安**となります。

勉強机やオフィスのデスクの近くに水のペットボトルを置き、定期的な水分補給を心がけましょう。ただし、机の上にペットボトルがあると、作業中に視界に入り、集中を削ぐ可能性があるので足元や引き出しの中にしまっておくことをオススメします。

まとめ

ウィルパワーは、良質な糖分で増幅される。「低GI+ナッツ」を食べて、持続する集中力を生み出そう。

エンジン4

感情

集中力の高い人は、ネガティブな感情も利用している。

誰もが経験していることですが、本当に集中しているときというのは「自分が集中している」こと自体、意識しないほど集中しています。

冒頭から禅問答のような文章になってしまいましたが、あなたにも「時間を忘れるほど集中していた」という経験があるはずです。

たとえば、好きな小説やマンガを「この先、どうなるの？」と読み進めるうち、真夜中になっていたとか、親しい友だちと夢中でおしゃべりをしていたらお店の閉店時間になっていたとか、自分から提案した企画のプレゼン資料をまとめているうち、フロアに誰もいなくなっていたとか、初めて取り組むスポーツに没頭していたら、日が暮れていたとか。

これらはいわゆる**「フロー体験」**と呼ばれる状態です。

フロー体験とは、20世紀を代表する心理学者ミハイ・チクセントミハイが提唱したもので、**自分自身の「心理的エネルギー」が、100%今取り組んでいる対象へと注がれている状態のこと**。チクセントミハイは心理的エネルギーと表現しましたが、これを「ウィルパワー」ないし、「集中力」と置き換えても問題ありません。

つまり、ものすごく集中している状態が、フロー体験です。チクセントミハイは、人がフロー体験をするための主な条件を8つ挙げています。今回は、そのなかでも私が強調しておきたい4つをご紹介します。

・ちょうどいい難易度のものに取り組んでいる
読書にしろ、会話のやりとりにしろ、仕事にしろ、スポーツにしろ、今、取り組んでいる内容が、本人の能力と照らし合わせて難易度が高すぎず、なおかつ簡単にできるものではなく、**能力のすべてを出し切らなければ達成できないレベルであること**。

・取り組んでいる対象へのコントロール感覚がある

自分のリズムで本を読み進める。気持ちのいいテンポで会話を交わす。アイデアレベルだったものを目に見える形に落とし込む。ボールを思い通りにコントロールする。

取り組んでいるものを自分が自在に操っているという感覚を覚えること。

・直接的なフィードバックがある

取り組んでいることから即座に何らかのフィードバックが返ってくること。読書ならば「おもしろい」「続きが気になる」であり、会話なら「相手の笑顔」「同意」「言葉のキャッチボール」であり、企画書づくりなら「言葉選び」「図案作成」などの刺激であり、スポーツならば「うまくいった」「失敗した」といった身体的な感覚です。

こうした反応が自分の内面に響き、喜びや悔しさなどの感情を呼び起こす状態であること。

・集中を妨げる要素がシャットアウトされている

今、向き合っている対象以外のことが紛れ込むことなく、対象のみに集中できる環境であること。たとえば、本を読んでいるときに横から話しかけられたり、会話の最中に相手が電話で話し始めたり、企画書作成中に上司から呼び出されたりするなど、**何らかの理由で行動が中断される恐れがないこと。**

この4つの条件が満たされると、人は過去に体験したことのない高い集中力を発揮することができ、フロー体験と呼ばれる高揚感を覚えることができます。その間、私たちはワクワクする喜びを感じ、再びフロー体験をしたいと欲することで、一回りも二回りも成長していくことができるのです。

喜怒哀楽が、集中力をさらに高めるカギになる

「フロー体験」を通して、喜びの感情が集中力を引き出しているお話を紹介しましたが、このように**集中と感情は密接に結びついています。**一般的に「集中している」と聞くと、じっと机に向かい、静かに活動している姿を思い浮かべますが、これも集中力にまつわる誤解の1つです。

実際は喜怒哀楽の感情をうまく組み合わせることによって、集中力をより高めることができます。スキーのジャンプ競技のように、**喜びなら喜びの感情を、怒りなら怒りの感情を、ジャンプ台として利用して、より速く、より遠くの目的地まで向かっていくようなイメージ**です。

ちなみに、先ほどのフロー体験の場合は、「喜び」の感情がベースとなっています。そこに4つの条件が加わることで集中力が爆発的に高まっていき、めったに入ることのできないゾーンにまで到達するのです。

同じように**喜怒哀楽それぞれの感情をうまく使うことで、集中力を高めることができます**。残念ながらフロー体験ほどの強烈なパワーはありませんが、それでも感情と集中の関係を知ることは、集中力を自在に発揮する助けになります。

■「怒り」は、行動力や問題解決力を高めてくれる

たとえば、**怒りの感情を抱えているときは、解決の糸口が見えなかった課題や企画に向き合うと、集中して取り組むことができます。**

怒りは誰もが持っている感情です。

怒りで我を失うなど、ネガティブなイメージもありますが、基本的に怒りは感情の伝達手段であり、防衛感情でもあります。

というのも、野生の動物が敵に襲われたとき、生き延びるために取る行動は「戦うか逃げるか」の2つだけ。どちらの行動も体がリラックスした状態ではできません。筋肉を緊張させ、逃げるか襲いかかるかを体に選択させる。その指令を出すのが、怒りの感情です。

つまり、怒りは生存本能と最も密接に結びついた感情なのです。ですから、怒りの感情には、人を突き動かす強い力が秘められています。

喜怒哀楽のなかでも、**怒りは「目標指向行動」を強く促します**。目標指向行動とは、ある目的や目標を持って行なう行動のこと。**人は目的や目標があり、それが具体的であればあるほど、行動が積極的になっていきます**。

たとえば、朝起きるのが苦手な子どもも遠足や旅行の日は普段よりも2～3時間早く起きて、テキパキ準備をし、出かけていく……といったケースが当てはまります。「遊びに行く」という具体的なゴールがあるため、集中力を発揮して行動することができるわけです。

この目標指向行動が、怒りの感情をうまく活用することにより、さらに促されます。**「悔しいからがんばる」「見返してやるために努力する」といった怒りのエネルギーは、目標達成や問題解決の原動力になります**。それが結果的に集中力を高め、難しいと感じ着手しかねていた難しい課題や企画など、高いハードルをクリアする助けとなるのです。

ただし、怒りの感情のピークは短いので、「なにくそ」「頭にきた」「腹が立つ」というテンションのまま、すぐにバッグからメモを取り出し、解決策を書き出す……といった流れがベスト。怒りを感じたときは、その直後に自分が一番やるべきこと、目標にしていることに取り組むべきです。

深呼吸して一息ついて落ち着いてから……ではなく、**怒ったままの短期勝負**。それが怒りを上手に使った集中力の高め方です。

ぜひ、自分のためになる前向きな行動に使ってくださいね。

■「哀しみ」は、冷静でフェアな意思決定を促す

哀しいときというのは、何も手につかないようなイメージがあります。ところが、社会心理学の研究では**哀しんでいるときほど、人は冷静な意思決定ができることがわかっています**。

オーストラリアのニューサウスウェールズ大学の社会心理学者ジョー・フォーガスは、**「哀しみが人を注意深くし、細部に関心を持たせ、焦点を合わせやすくする」と指摘しています**。

フォーガスらが行なった実験では、被験者に死とガンについての短編映画を見せ、憂鬱《ゆううつ》な気分になった状態で、さまざまな意思決定をテストしました。

すると、噂話の正確さについての判断や過去の出来事を分析するような課題の成績が、短編映画を見ていないグループよりも高くなるという結果に。さらに、哀しい気持ちでいる被験者のほうが、知らない人をステレオタイプ的に分類する傾向が大幅に低く（思い込みで相手を判断しない）、また、算数の問題でのミスも少なくなることがわかりました。

つまり、**冷静かつ公平な意思決定ができるというのが、哀しみの感情の効果なのです。**

とはいえ、哀しみの中にある間、行動力は落ちてしまうもの。そこで、投資に関する判断やビジネスでの新しい取り組みなど、最近の自分の意思決定を見直す機会にしていきましょう。静かな環境でのデスクワー

クに時間を割くと、哀しみの感情をベースに深い集中を得られるはずです。

「喜び」「楽しさ」は、創造力を高め、意思決定を速くする

喜びの感情は、**人をクリエイティブにし、目の前の出来事に対する意思決定を速くさせる力を持っています**。

たとえば、「企画案が通った。やったー」「試験の結果が良かった。うれしい」「彼女とデートできることになった。ひゃっほー」といった感情が湧き起こった日は、その勢いのまま、新たな企画を考えたり、より創造性の高い問題にチャレンジしたり、デートコースを綿密に立案したり、クリエイティブな活動に時間を割きましょう。

すると、**喜びの勢いのまま、フロー体験に近い、高い集中状態に入っていけます**。とくにブレインダンプのように、頭の中にあるアイデアを次々と出していくような時間として使うと、普段は「くだらない」と切り捨ててしまうようなヒントから、意外なプランを導き出せるかもしれません。

リラックスできる環境で、できればあなたに否定的ではない人たちと「会話のキャッチボール」を重ねていくとより効果的です。

逆に気分が乗っているとき、喜びを感じているときにやってはいけないことがあります。それは人の話を聞くこと。とくにセールスは危険です。「○○がある生活をイメージしてください」といったセールストークを受けて、活発になっている創造力が刺激され、素早い意思決定を下してしまう……つまり、勢い良くＹＥＳと言ってしまうからです。

喜びを感じているときは、哀しみを感じているときとは反対に、冷静な判断ができず、前へ前へと進んでしまいがち。これは別の何かがうまくいっているときは、「全部うまくいく」と感じてしまうからです。

事業を成功させ、判断力に優れているはずの経営者などが、普通は引っかからないのではないか？　と思うような投資詐欺などに引っかかってしまうのは、喜びの感情にあることをうまく利用されたケースがほとんど。

いいことばかりが起こりそうな気分のときほど、物事の判断に関しては集中力が落ちていると覚えておきましょう。

■感情の変化を予測してスケジュールを立てよう

こうした感情の変化をうまく集中力と連動させるには、「喜怒哀楽」が生まれるイベントをスケジュールに組み込んでいく方法、「エモーショナル・プランニング」が有効です。

やってみよう

エモーショナル・プランニング

たとえば、仲の良い友だちと遊んだ後に仕事を入れる。
ヒューマンな映画を見た後、面倒な業務上の確認作業に入る。
午後に企画会議がある日は、前々からおいしいと評判のランチを食べに行く。

あえてラッシュの電車に乗った後や悔しかった体験を思い出してから、難題となっている問題の処理を行なう。

そんな風に、**イベントごとに変化する感情を先取りして、1日の予定を作成してみましょう。**

友だちと遊んで楽しくリラックスした後は、そのプラスの感情が影響して仕事の効率が上がっていきます。

おいしいランチで喜んだ勢いがあれば、アイデア出しもスムーズになります。

あるいは、通勤で感じた苛立

エモーショナル・プランニングの例

8:00	電車でラッシュ時の通勤
9:00	チーム成績の改善案をつくる
12:00	話題の店で友人とランチ
13:00	企画書のアイデア出し
15:00	休憩（近所を散歩）
15:30	事務仕事
19:00	帰宅
19:30	泣ける映画を観る
21:00	1日の振り返りと反省
22:00	就寝

ちをぶつけると難題を解決する糸口が見えてくるかもしれません。
そして、哀しい気分で細かい作業に取り組むと、丁寧な仕事ができるはずです。
このように自分の感情の変化を先読みして、スケジュールを組むのがエモーショナル・プランニング。喜怒哀楽いずれの感情を利用した場合も、いつもより集中して物事に対応できるでしょう。

いかがだったでしょうか。集中力を高める「感情の使い方」。ぜひ、自分のパフォーマンスを引き上げるために使ってくださいね。

まとめ

感情の特性を知って、喜怒哀楽すべての感情を集中力に変換しよう。

エンジン
5
習慣

集中を妨げるのは迷い。ウィルパワーを仕組みで節約しよう。

第1章で、**「ウィルパワーを節約するには『習慣化』が一番」**だと、簡単に触れました。では、どうすれば集中力を高める「習慣」が身につくのか？

コツは、**判断や決断を減らすこと**。つまり、ウィルパワーをなるべく使わずに判断や決断ができる「仕組み」をつくることにあります。

本項では、習慣化させるための「仕組みづくり」を詳しくお話しします。あわせて集中力を高めるために身につけておきたい習慣として「片づけ」をご紹介しましょう。

私は生来、人生で大切な目的以外についてては無頓着な人間ですが、それでも新しい分野にチャレンジし続けられるのは、この「習慣化」の恩恵を受けているからです。

そして、この習慣化の仕組みを誰よりもうまく取り入れているのが、トップアスリートと呼ばれる人たち。

幼い頃からの練習によって、本来、高度な選択、決断の連続であるはずの打つ、走る、蹴るといった動作の組み合わせを習慣化。たとえば、プロゴルファーのティーショットにしても、ピッチャーの投げる変化球にしても、サッカー選手のスルーパスにしても、素人にはとてもできない瞬間的な判断と高度な動作です。

ところが、トップアスリートの脳を調べてみると、いずれのプレー中も前頭葉はあまり活動していません。主に働いているのは小脳で、体は反射的に動かしているだけ。脳は習慣化によって、その習慣に沿った形に変化していくことが研究からわかっています。

これは集中力に関しても同様で、**高い集中力を発揮しなければできなかった作業も、習慣化することで集中せずに処理できるようになります**。

つまり、習慣化によってウィルパワーを節約することができるわけです。

この仕組みがあるからこそ、彼らは18ホール、9イニング、90分間という各競技のプレー時間の間、ずっと高い集中力を発揮し続けることができるのです。

これはスポーツに限らず、仕事のプロフェッショナルにも共通しています。彼らはスキルを身につけるまでは前頭葉を使いながら学んでいきますが、習慣化した後はウィルパワーを使わず、行動に移します。だから、長時間にわたっていくつものタスクを片づけることができるわけです。

その姿は周りからすると、ずっと集中力が持続しているように見えます。しかし、人は習慣化された行動に関しては、ほとんどウィルパワーを消費せずに処理できるようになります。

これは彼らの脳が特別だからではありません。**普通の人と、集中力を使う対象が異なるだけ**です。彼らは習慣化によってウィルパワーを温存しつつ、新しい習慣やスキルを身につけるためにウィルパワーを使っているのです。

一方で、集中力をコントロールできない人は、「今年こそ、英会話学校に行き、ジムにも通って、早起きを始めて……」と、一度にあれもこれも変えよう、高めようと

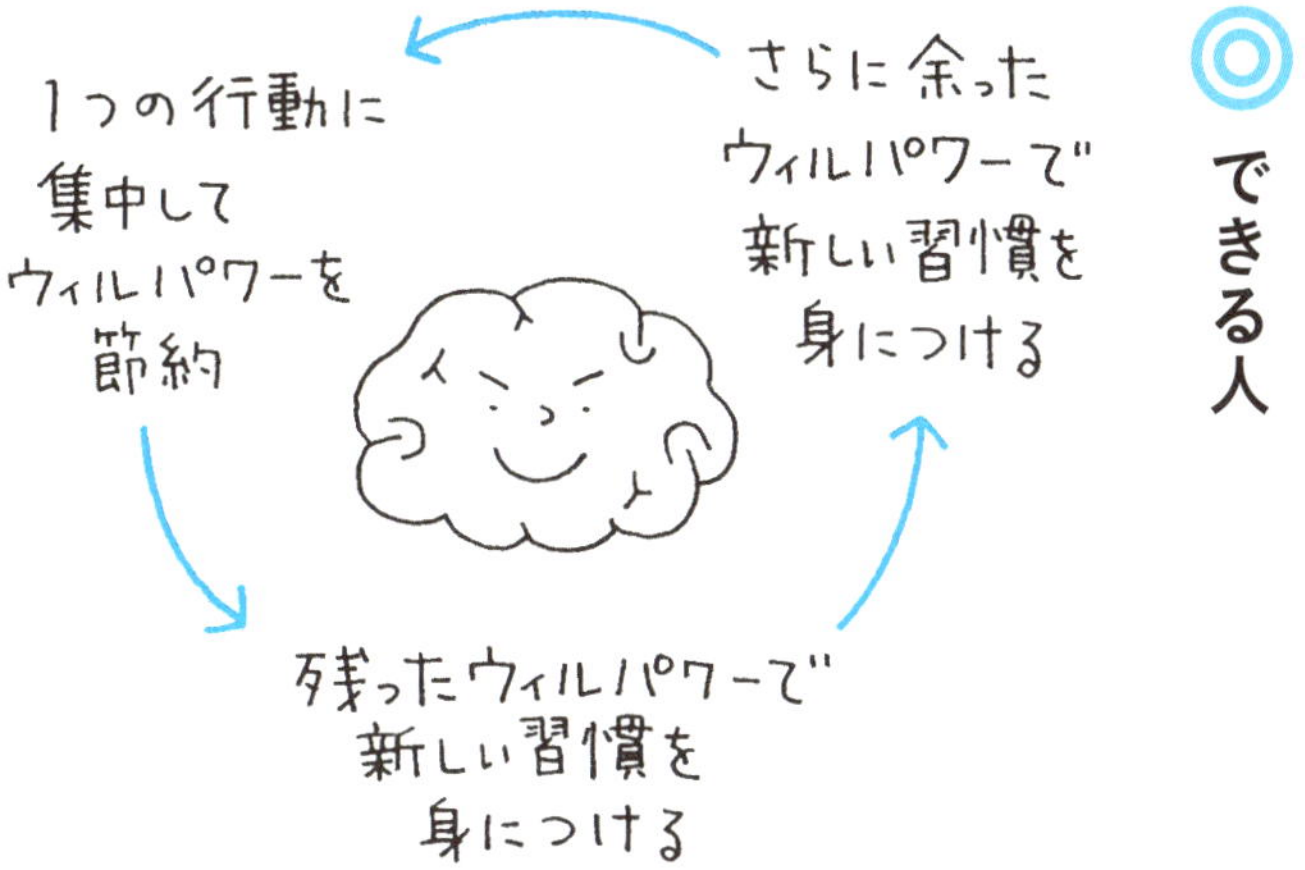
◎
できる人
1つの行動に
集中して
ウィルパワーを
節約
残ったウィルパワーで
新しい習慣を
身につける
さらに余った
ウィルパワーで
新しい習慣を
身につける

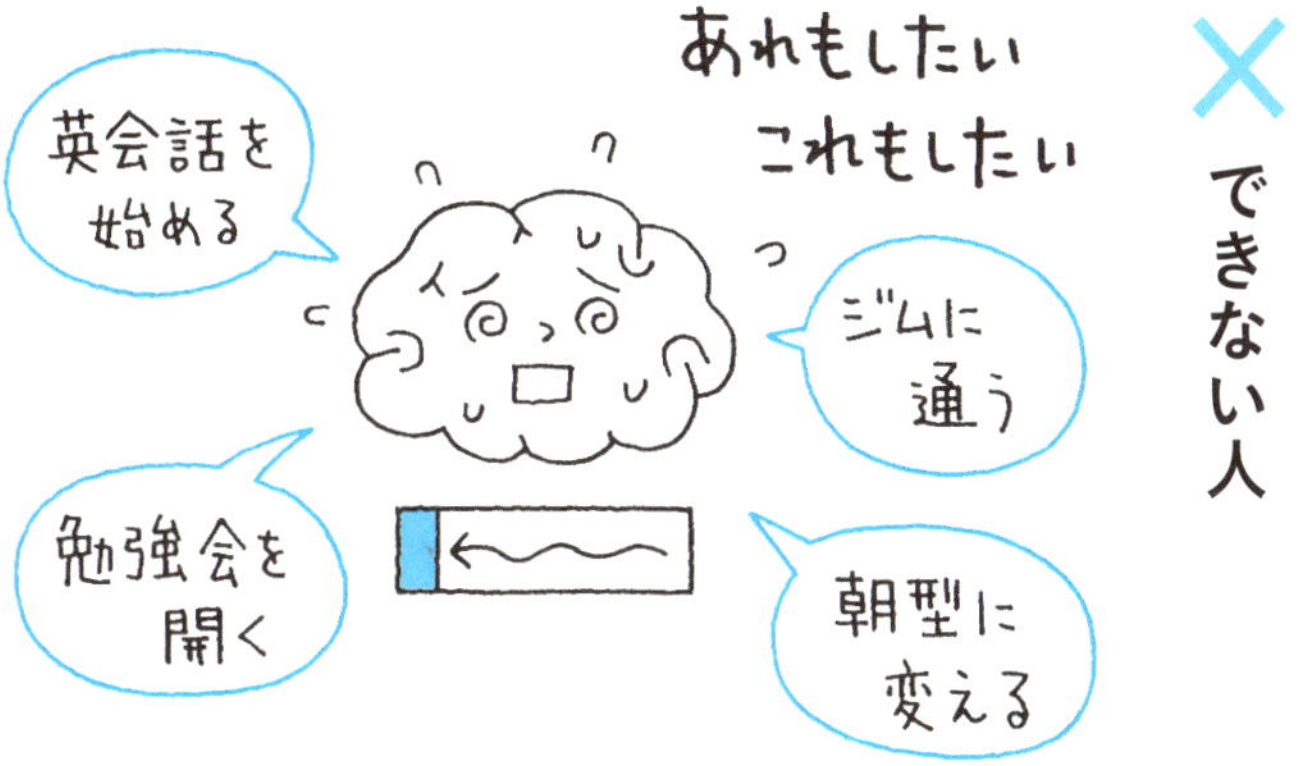
×
できない人
あれもしたい
これもしたい
英会話を
始める
ジムに
通う
勉強会を
開く
朝型に
変える

してしまいます。

すると、当然ながら集中力は分散してしまい、1つを習慣化する前に脳が疲れ、結局どれも物にできないまま終わってしまうのです。

この考え方は、この後に述べる「運動」や「瞑想」、それ以外でも、英会話やジム通いなど、新しく取り組みたいあらゆることで使えます。ぜひ役立ててくださいね。

では、まずはウィルパワーを節約する仕組みづくりについてお話しします。

7本のハンガーが、集中力をつくり出す

くり返しになりますが、選択する数が多く、「迷い」が多ければ多いほど、ウィルパワーは消耗します。物事を選択するときに使うエネルギーと集中するときに使うエネルギーは同じウィルパワーです。ですから、**日々の生活の中で、選ぶ場面が少なければ少ないほど集中力は上がります**。

ウィルパワーに関するこの法則《ルール》を知っていれば、生活は自然とシンプルなものに変

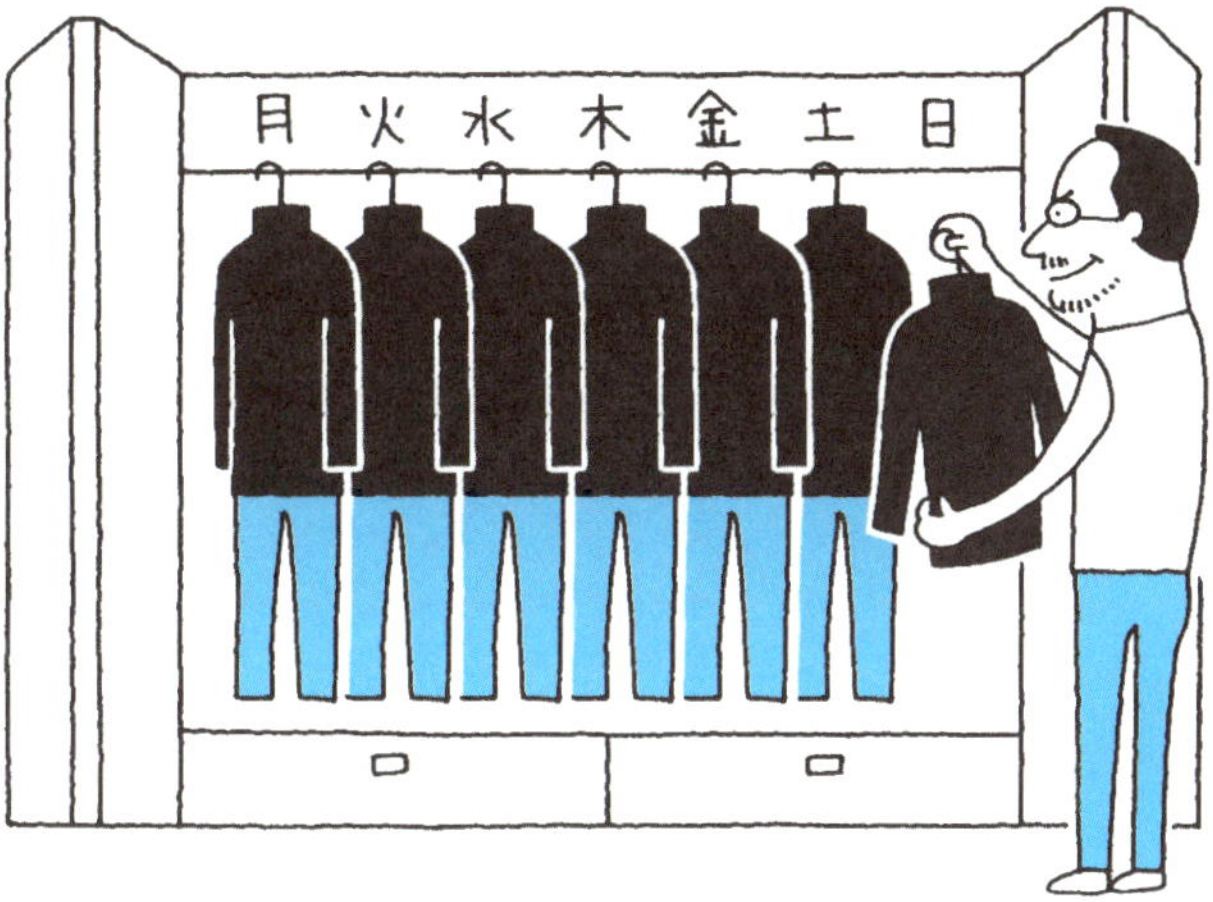

わっていきます。要するに、**持ち物と選択する機会を減らせば、集中力は自動的に上がるということ**です。

たとえば、スティーブ・ジョブズは公の場に出るとき、いつも同じ服装でした。

ISSEY MIYAKEの黒のタートルネックに色落ちしたリーバイスの501、足元はグレーのニューバランスのスニーカー。

「毎日の服を選ぶ」という選択（行動）にストレスを感じる人は多いでしょう。ジョブズは、その面倒な判断を「仕組み」で排除していた、というわけです（ちなみに、Facebookの創業者であるマーク・ザッカーバーグも、いつもグレーのシャツを着ています)。

若いときから瞑想を生活の習慣に取り入れていたジョブズは、経験則としてウィルパワーの原則を理解していたのでしょう。

「もし今日が自分の人生最後の日だとしたら、今日やる予定を私は本当にやりたいだろうか?」(スティーブ・ジョブズ)

こんな名言を残している彼ほど、自分が何を目的とし、日々を生きていくかに自覚的だった人はいません。

ウィルパワーは創造性を発揮するための集中に使う。そのためには、日々の暮らしからムダな選択をする機会を減らしていくこと。毎日、着る服を決めておく習慣もその対策の1つです。

黒のタートルネックとジーパンとスニーカー。ワードローブを絞り込むことで、本来は選択しなければいけない場面を仕組み化し、ウィルパワーの浪費を抑えていたのでしょう。

このジョブズの習慣は、すぐに真似ることができます。

クローゼットに7本のハンガーを用意し、月曜日から日曜日までの着る服を上から下まで全部用意してしまう。着替えの際にハンガーを取り出せば、すべての選択が一度に終了するという仕組みです。

ビジネスパーソンであれば、シャツ、パンツ、ジャケット、ネクタイ。**どの組み合わせでも合う「色味」でアイテムを絞り込めば、理想形であるジョブズのようなシンプルで個性的なワードローブをつくることができます。**

私も、色を絞り込むことで選択の幅を狭くしています。「青」を中心に、それに合う服、小物、バッグなどを揃えることでどれを組み合わせても合う状態になっているので、選択に頭を悩ませる必要がありません。

目的に向けて集中できる人は、この「仕組み化」に力を入れ、ウィルパワーを節約し、人生で大切なことに集中しているのです。

即時判断が、ウィルパワーの浪費を防ぐ

意思決定を減らせば減らすほど、ウィルパワーは消費されなくなります。

たとえば、毎日の家事は意思決定の連続です。

食事の後の皿洗い。お皿を洗うだけですから、そこに意思決定などないように思うかもしれません。しかし、満腹時は行動を起こすのが面倒になります。

そこで、「今やる？　それとも後でやる？　自分がやるか、パートナーにやってもらうか？」と迷ってしまう。これも意思決定の一種です。

私は意思決定をなくすため、「シンクに持っていったら、その場ですぐ洗う」という決まりにしています。

脳は、行動することによって疲れるのではなく、小さな意思決定の連続によって疲弊していくことは、先にお伝えした通りです。

しかも、「今は面倒だから……」と後回しにすると、持続的に疲れが増していきます。

これは第1章で述べた「決定疲れ」というもの。無意識下でありながらも、「やらな

くちゃ」と意識し続けていくと起きる現象です。

やるべきことなら、雑事こそ即時判断することが重要です。

できれば雑事ほど判断しなくてもいい仕組みをつくるようにしましょう。ジョブズのワードローブや私の皿洗いのルールのように、どうしようかな……やろうかな……今はやめておこうかな……と悩む余地を残さない。

仕組み化とは、意思決定するべき課題を即座に処理してしまうことです。

片づける習慣で、集中力が持続する部屋になる

先月分の経費の精算をしなければならないのに、机の上の片づけを始めてしまう。試験勉強を進めなければいけないのに、部屋の掃除を始めてしまう。そんなふうにやらなければならないことがあるとき、ついつい関係ないことを始めてしまうことがあります。

これは心理学で**「セルフ・ハンディキャッピング」**と呼ばれる現象。経費の精算が

遅れてしまったのは片づけをしていたから。勉強が捗らなかったのは部屋の掃除をしていたから。やらなければならないことの前に「違う作業」へ一時避難し、自分にハンディキャップを課すことで、無意識に失敗したときの言い訳を準備しようとしているのです。

すでにあなたも気づいているかもしれませんが、セルフ・ハンディキャッピングは集中力を奪います。本来やらなければならないことをする前に、さまざまな取捨選択をしてしまうため、「いざこれから！」というときはウィルパワーが残っていないかもしれません。

こうした日常に潜むトラップを回避するには、事前にその芽を摘《つ》んでおくこと。つまり、部屋から不必要なモノを減らしておくこと。そして、やらなければならないことに関する道具を常に用意しておくことが基本となります。

私の場合、仕事と勉強に関係のないモノは一切置かず、机の上にノートを開いたままにしておくことで、すんなりと仕事に取り組める環境をつくっています。**「片づけ**

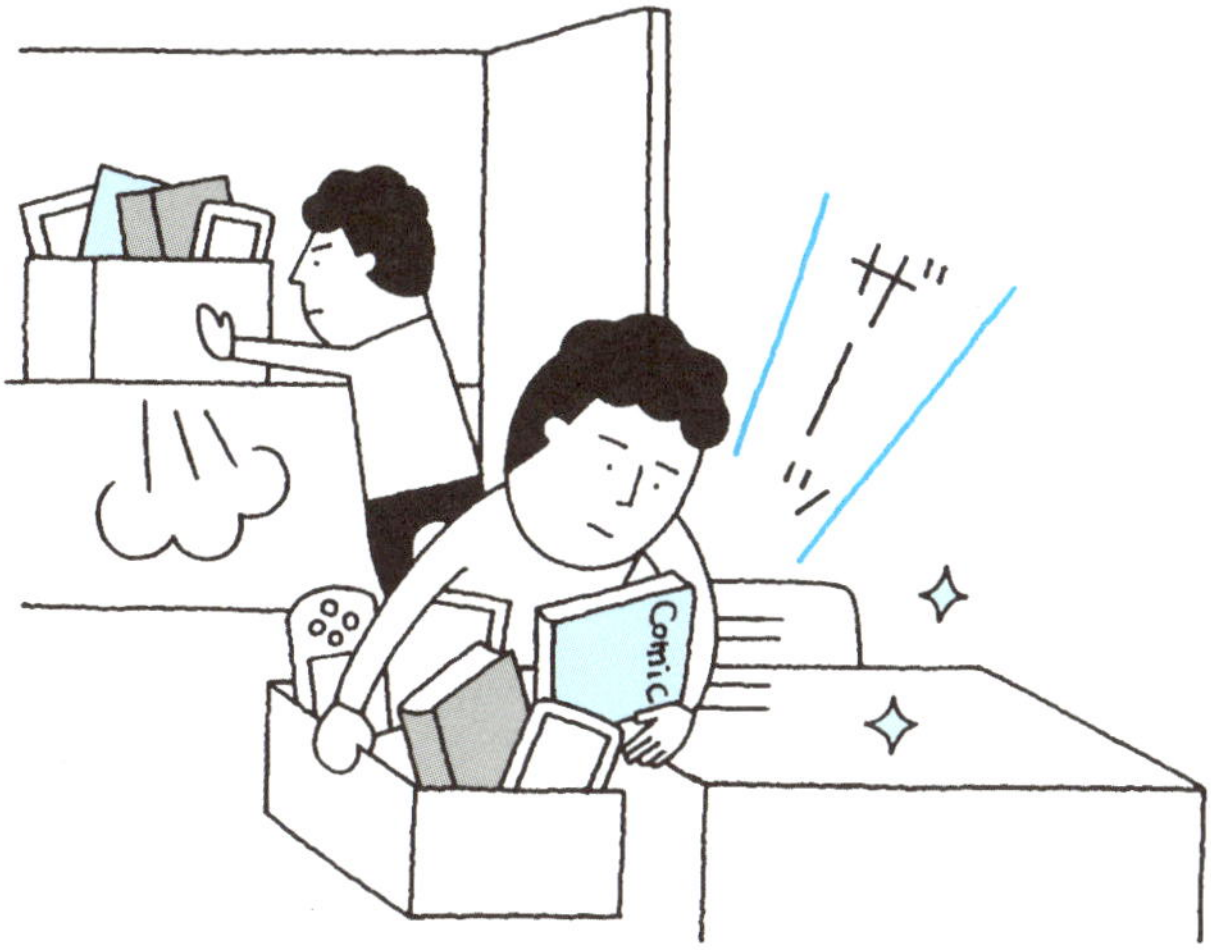

をしたい」という誘惑が起きるのを未然に防いでしまうわけです。

しかし皆さんには、私のように徹底した場所づくりは、難しいかもしれません。

そこで、オススメしたいのが**「とりあえずボックス」**です。１００円ショップで売っているような大きめの箱を用意して、やらなければならないことに関係のないモノを問答無用で放り込んでいきます。

読みかけの本、マンガ、スマホなど、机の上や机の周辺にあるモノをザザッとしまってしまう。この大きなアクションが「これからやるぞ！」という集中力のスイッチとなってくれます。また、できればこの箱は棚に入れる、フタをするなどして中身が目に入らないようにすると、より効果的です。

私も机の側にこの箱を常備して、もし、集中力の妨げになるようなモノが散らばっていたら、バーッと入れて、目のつかない倉庫スペースの一角にしまっています。その棚はわざと丸ごと1段空けてあって、とりあえずボックス専用に使っています。これだけで集中した状態に入る速度はかなり上がります。

ちなみに、とりあえずボックスが有効なのは、「物理的、時間的に身近なものについて価値を高く感じ、空間的、時間的に遠いものの価値を低く感じる」という、行動経済学で明らかになっている「双曲割引」が関係しているからです。人は視界に入るものに誘惑されやすいので、**気を散らすモノを視界から離れた場所に置くことで、意識の外に追い出せる**のです。

同じことをオフィスでも行なうために、**デスクの引き出しの1段目は常にカラにしておきましょう**。そうすれば、何かをやらなければならないとき、書類の山やいただいたお土産物など、邪魔になるモノをガシャンと入れてしまうことができます。

引き出しをとりあえずボックスとして使うわけです。

アイデアを練るタイプの仕事をするときなどは、集中を邪魔するノイズとなる本やノートパソコン、スマホを、とりあえずボックスや手持ちのバッグ、引き出しなどにしまい、視界から隠す習慣を身につけましょう。それだけで集中が高まります。

最悪なのは、「いつか使えるかも」と何かとモノを取っておく習慣です。なぜ、最悪かと言うと、選択肢が増えることで「あれがあったな」「今なら使えるかも」と行動するまでに迷いが生じ、ウィルパワーが消費されてしまうからです。

こうした浪費を避けるためには、**目的と関係しないモノはなるべく所有しないこと。**身の回りを整えれば、何もなさがスイッチとなって、部屋に入った途端、目的に向けて集中するようになります。

私は、徹底してモノを所有しない

私が最近ハマっているのは、**「レンタル」**です。「PCもスマホも、レンタルで済ませる」と決めていて、ケースや新型製品を購入する際の比較検討など、モノ選びにかかる余計な時間を減らすことができます。故障したときの保証なども付いているので、重宝しています。

その他に取り入れている工夫として、**私は本以外の書類や資料などは、すべてスキャンして捨てています**。

最近のスキャナーには、文字を読み取るＯＣＲ機能と、それをさらに検索する機能がついているので、むしろ紙でないほうが便利です。

アプリ「エバーノート」ならば、書類の中にある単語をすべて「検索」して出してくれるので、とても助かっています。

本やノートの場合は、「この辺に書いてあったな」と、人は内容を空間的に記憶するので、そのまま保管しているのですが、書類はそもそもそういった「位置」も何もないので、すぐさまスキャンして、検索性を持たせたほうが効果的。

「紙を減らし、ペーパーレスにしてしまう」というのは、片づけが不要になるので、集中するにはとてもいい方法です。

「集中する」とは、何か1つにフォーカスすることです。集中しようと思うよりも、「他のことをしない」。これが集中力を上げる一番の方法です。

このように明確な目的を持てば持つほど、集中力はその目的の達成のために使われるようになり、不必要な場面でのウィルパワーの消費が減っていきます。

大事なのは、近くにある、目に入る場所にあるというだけで、それが集中力を奪う罠になると知ることです。何があなたの集中力を奪っているのかを理解すれば、それを回避する方法を選べるようになります。

＼まとめ／

面倒なことで悩まないために、仕組みに働いてもらおう。即時判断の習慣が、ウィルパワーを溜めてくれる。

エンジン 6

運動

たった5分で驚きの効果！
疲れ知らずの身体になり、
ストレスにも強くなる。

集中力を高める方法のなかで、私が最近もっとも興味を惹かれ、積極的に実践しているのが「運動」です。

ジョージア大学で行なわれた運動と脳の研究によると、**20分の軽い運動をした後の3～4時間は認知能力、集中力や考察力が高まることがわかっています**。運動によって脳の血流が改善され、意欲、学習などに関わるドーパミンを放出。集中力を持続させるだけでなく、ウィルパワーの回復にも運動は役立ちます。

ストレッチ、体操などの軽い運動、歩きながらや立ちながらの作業によっても集中力が高まるのです。

かつて、私の学生時代の友人に、物理や数学の問題を解きながら、足をバタバタさせたり、ペンを持っていない手をぐるぐる回したりする人がいました。最初はびっくりしましたが、彼が言うには「このほうが、問題が解ける」とのこと。実際、彼は非常に優秀な学生でした。

エンジン2「姿勢」で述べたように、**「仕事や勉強は机に座ってやらなければならない」というのは単なる思い込み**で、私も家で本を読むときは歩き回りながら音読しています。何かに集中し、物を覚えるときに体を動かし、声を出すのはとても効果的だからです。

加えて、運動する習慣には脳そのものを強化し、疲れにくくする働きもあります。たとえば、UCLAの研究チームは「運動習慣が脳の成長因子を増やし、加齢とともに減少するニューロンの増加をもたらし、脳の働きそのものや脳容積を維持・改善する効果がある」と発表しています。

もし、私が自由にオフィスを設計できるなら、会議室などと一緒にトレーニングルームも併設し、出勤後の20分や昼休みの20分にランニングや筋トレを行なう習慣を提案したいほどです。

「ひと汗かいて気持ちがいい」というのは気のせいではなく、**運動には人の感情をポジティブにする働きもある**のです。慢性的なストレスの影響を長期的に緩和してくれ、血糖値が安定することで精神も安定します。

ミスをして「もう自分はダメだ」と落ち込んだとき、なんだかやる気が出ないとき、少し疲れたなと感じたとき、とりあえず黙って20分くらい体を動かしてみる。軽い運動は、問題を解決に導く「エンジン」となります。

とはいえ、オフィスではそこまでやると周囲に迷惑がかかってしまうかもしれませんので、ちょっとした空き時間で簡単にできる運動をいくつか知っておくと役に立つでしょう。

言わば、運動は脳をリセットするスイッチです。**勉強、軽い運動、勉強というリズムをつく**

ることで、途切れてしまった集中力を再起動することができます。

こうした運動の働きは、エグゼクティブ・ファンクション（脳の実行機能）と呼ばれ、ウィルパワーの源である前頭葉を活性化させます。

眠れる野性を運動で取り戻せ

古来より、人間は運動しているときこそ頭を働かせてきました。

これは私たちの遺伝子に狩猟採集時代の行動が、しっかりと組み込まれているからです。もともと、人間は自分より大きな獲物相手でも、知略を働かせ、仲間とともに効率よく狩りをしていました。

狩りをするために、生き残るために頭を働かせていたわけです。この元々備わっている本能をまったく使わないでいることは、脳と体のバランスを崩す原因となります。この現代に、狩猟の代わりとなるのが、**運動で体を動かすこと**。運動が脳の働きを促し、集中力の持続を助けてくれるのです。

また、勉強や仕事をしながら同時に体を動かすことも集中を高める意味で効果的です。狩猟採集時代の人間にとってじっと同じ位置にとどまっているのは、「休息している状態」ですから、動かずに机に張り付いていれば眠くなってくるのも当然です。

つまり、集中力を高め、持続させたいのなら適度な運動を習慣化させることが重要になります。私は以前、「出張で地方に行って体がきついから、今日はジムを入れないようにしようかな」などと考えていましたが、いまでは逆です。

むしろ移動時間が長いとき、疲れる仕事があるときほど朝ジムに行きます。仕事が早く終わりますし、頭も心もすっきりした気持ちになります。

たった5分で集中力も健康も手に入るエクササイズをご紹介

とはいえ、都市部のオフィスで働く人にとっては業務時間内に社内でストレッチ、体操などの軽い運動をするのはなかなかハードルの高いことかもしれません。

そこで、20分の運動と同等の効能が期待できるエクササイズを紹介します。それは緑の中を5分ほど散歩する軽い森林浴「**グリーンエクササイズ**」です。

イギリスのエセックス大学の研究チームが行なった調査によると、**公園など戸外の緑の中で5分間、体を動かすだけで心身ともに大きなリフレッシュ効果を得られる**ことがわかっています。

この研究では当初、運動することと自然の中で過ごすことの相乗効果を調べるため、被験者に壁に映し出した郊外や田舎の風景を見ながらウォーキングマシンで運動してもらったそうです。

すると、**ただウォーキングマシンで歩いただけの人に比べて血圧や心の状態が上向く、というデータが残りました**。そこで、実際に緑の中を歩いて検証したところ、さらに高い効能が確認されたのです。

さらに、この研究によると、散歩の時間を長くしても効果のほどはさほど変わらないとのこと。むしろ、**運動を始めてから最初の5分で得られる刺激によって脳が感じていた疲れが取れていく**こともわかっています。

つまり、汗をかいて疲れるまでやる必要はなく、**軽いエクササイズのほうが激しい運動よりも効果が高く、即効性があるのです**。

グリーンエクササイズは、公園や街路樹のある歩道、緑化されたビルの屋上広場など、オフィスの周りにある小さな自然の側を散歩するだけ。加えて、「水」の側ならばさらに効果が高まることもわかっているので、もし、オフィスの近くに噴水や川などがあればルートに盛り込んでいきましょう。さらに、**できれば陽の光を午前中に浴びるようにすると、セロトニンの分泌を活性化できます**。

セロトニンは「幸せホルモン」とも呼ばれ、集中力を深めてくれるだけでなく、思考を前向きにし、ストレスを軽減してくれます（172ページでも触れています）。だからこのグリーンエクササイズは、「最近イライラしてるな」と感じる人にもオススメ。

食事の話を絡めれば、朝食にバナナや卵、鶏肉、ひじきなど、セロトニンを生成する食材を摂っておくとより効果的です。

手軽に始められる3つのエクササイズ

まとめとして、短時間で効果が得られるエクササイズを紹介していきます。

やってみよう

7分コース　高強度インターバルトレーニング（HIIT）

HIIT（High-Intensity Interval Training）は、強度の高い運動をし、すぐに少し休み、また強度の高い運動で負荷をかけ、また休む、をくり返していく手法です。

このHIITは短時間で高い運動効果が得られ、プロのアスリートも取り入れているもの。**たった7分間のHIITで、1時間ほどの運動と同じ効果が得られると考えられています**。現在はスマートフォン向けにHIITのメニューを紹介するアプリもあり、私も使っています。ちなみに「パレオな男」というブログで、瞑想やHIIT関連の最新科学の情報が、とてもわかりやすく紹介されています。

10分コース　階段昇降

集中力のエンジンを動かす運動としては、会社のビルの階段を10分から20分昇り降りするトレーニングもオススメです。1階分を上がるのに20秒として、15階分の昇降。

たとえば、昼休みの後、エレベーターやエスカレーターを使わず、階段でオフィスフロアまで上がってみるだけでも、その後の集中力の発揮や持続に好影響があります。

私も階段を使って部屋まで移動することがよくあります。脚の筋肉には疲れが少し残りますが、頭はスッキリ。しかも、仕事を始めた後に体の疲れが気にならず、スムーズに集中することができます。

30分コース　1駅分の早足ウォーキング

通勤、通学時に1~2駅分を早歩きすることで集中力のスイッチが入ります。

朝、仕事の前に1つ手前の駅で降りて会社まで歩く。30分以下の簡単な運動を陽の光を浴びながら行なうことで、前述した**セロトニンが脳内で分泌されます**。

逆に夜、自宅の1つ手前の駅から歩くのも脳のリフレッシュになります。仕事の後、家に帰ってからもうひと頑張りしなければならないとき、資格試験の勉強などが控えているときなどは、事前に体を動かすことが気持ちを切り替える「スイッチ」になり、再度、集中できる状態をつくってくれます。

ご紹介したようなたった数分の軽い運動が、**午前中の仕事で消費したウィルパワーを回復させ、午後に向けての集中力の持続を助けてくれる**のです。

まとめ

運動は、脳のリセットボタン。
脳が鍛えられ、おまけに疲れにくい体質に変わる。

エンジン 7

瞑想

脳機能が拡大！
眠りも深くなり、
勝手に集中力が身につく。

少し専門的なお話になりますが、ウィルパワーの源である脳の前頭葉前皮質を形成しているのは、灰白質《かいはくしつ》と呼ばれる領域です。この灰白質を活性化させる最短最速の方法として近年注目されているのが、瞑想です。

瞑想と聞くと、精神修養やスピリチュアル的なイメージがあるかもしれません。しかし、その効能は脳科学の分野でしっかりと認められ、**脳が瞑想に慣れてくると集中力、注意力が向上する**ことがわかっています。

また、心理学の分野でもストレスの管理、衝動の抑制、自己認識力に好影響を及ぼすことが確認されています。しかも1日3分ほどの瞑想でウィルパワーを鍛えること

瞑想で得られるもの

1. リラクゼーション反応

2. 集中力アップ

3. 緊張や不安に強くなる（ワーキングメモリーが鍛えられる）

4. 感情のコントロール力が強くなる（扁桃体が変化する）

5. 体脂肪が落ちる

6. 睡眠の質が向上する

ができる、という「いいこと尽くし」です。これはもうやらない理由がないですね。

もちろん、1日何回やっても構いません。はじめのうちは「1回3分」から慣らしていき、5分、10分、15分と少しずつ延ばしていくといいでしょう。1日30分が理想ですが、集中力の向上だけを狙うなら、20分の瞑想を週4回行なうだけで効果があるとされています。

そして、**瞑想を習慣化させることによって、より大きな成果が手に入ります。**

ある研究では瞑想の練習が累計3時間に達すると、注意力と自制心が向上するという結果が出ました。さらに累計11時間行なった後には、集中力をつくっている神経ネットワークの連絡が増加。1週間で累計3時間ペースを2カ月以上持続させると、ウィルパワーの源である前頭葉前皮質を形成している灰白質の質が向上したという報告もあります。

それにより自己認識力が養われます。これは**集中力が筋肉と同じように、トレーニングによって鍛えられる証拠だと言えるでしょう**。

実際、私も日常のサイクルの中に瞑想を取り入れ、集中力の修練、ストレスのコントロールに活かしています。最初は3分くらいから始め、朝、夜5分ずつを3週間ほど続けていくうち、自分が変わってきたのを覚えています。**あちこちに散らばってしまいがちな気持ちを抑え、落ち着きを与えてくれたのです**。

瞑想は続けることが肝心ですから、あなたも無理のない範囲で生活の中に取り入れてみてください。

やり方はシンプル。ただ呼吸に注目するだけ

瞑想には特別な道具も舞台も必要ありません。私が行なっている瞑想は、とてもシンプルで、たった2つのステップで成り立っています。

1．体を動かさず、じっと座る

まずは、集中力をつくるエンジンで紹介した姿勢を思い出してください。背筋を伸ばした状態で、イスないし、床に座ります。静かに目を閉じ、両手は膝の上に。

2．ゆっくりと呼吸する

鼻からゆっくりと息を吸い込み、口からゆっくり吐き出します。7秒かけて吸い、7秒かけて吐くというペースが1つの目安。辛い場合は、秒数を減らしても構いません。

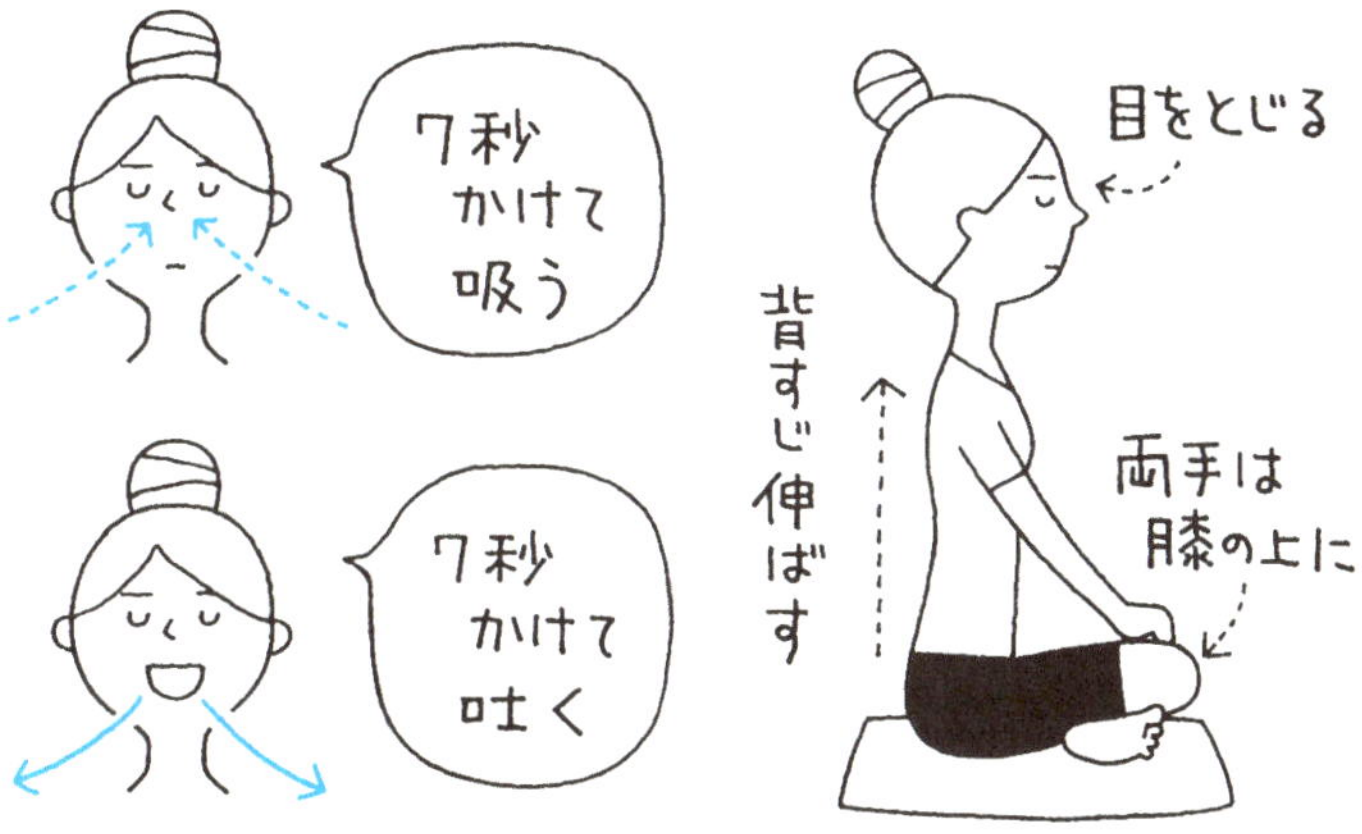

背筋を伸ばした状態で座り、ゆっくりと呼吸する。あとはこの状態を3分から5分続けるだけです。

とはいえ、そう簡単には「瞑想で無になる」と言われる境地にはたどり着けません。**最初のうちはただただ呼吸に意識を集中させましょう。**慣れないうちは、「吸って、吐いて」と心の中でつぶやきながらでもいいでしょう。

息を吸い込んだときに膨らむお腹、吐き出したときに唇に感じる呼気の流れなどに意識を向けるうち、徐々に何も考えないぼんやりとした集中状態がやってくるはずです。もし、途中で何か別のことを考え始めてしまったら、再び「吸って、吐いて」とつぶやき、呼吸に意識を戻しましょう。寝てしまいそうな人は、目を開けたまま、どこか1点に集中してください。ペン先でも構いません。

ちなみに、集中力を高めるのなら、口呼吸よりも「鼻呼吸」です。歯科医師である佐野真弘氏・佐野サヤカ氏と、加藤俊徳氏（「脳の学校」代表）らが行なった研究で、「口呼吸は鼻呼吸よりも、前頭葉により酸素消費を生じる」ことが報告されています。

これは、**口呼吸では前頭葉の活動が休まらず、慢性的な疲労状態に陥りやすくなる**

可能性を示すものです。

また同研究では、前頭葉の慢性的な疲労状態により、注意力が低下し、学習能力や仕事の効率の低下を引き起こすことが考えられる、と示唆しています。

日ごろ、どうも疲れやすい――そう感じる人は、呼吸を見直せば改善されるかもしれません。

私自身の実感としては「瞑想をしてからの自分の変化」を意識しながら、瞑想を続けていると効果がより高まるように感じています。

それた注意を、呼吸に戻す度にウィルパワーが鍛えられるので、「自分は気が散りやすいタイプだからなぁ」と思う人ほど、集中力が身につきます。

まとめ

瞑想を習慣にすると、1日に好循環が生まれる。脳がデトックスされ、ポジティブな感情が持続する。

第3章

疲れをリセットする3つの回復法

疲れを感じている方は、ここから読み進めてください

あなたは今、疲れを感じていますか？

朝からだるい、しんどい、ボーっとするという人も少なくないはずです。実際、厚生労働省が行なった「疲れ」に関する調査では、働く人の7割が「慢性的な疲れ」を感じているという結果が出ています。ですから、ここで私が「脳は疲れを知らない」と言ったら、あなたは「言い過ぎだ」と思うかもしれません。

しかし、これは真実です。

疲れの種類には、「体の疲れ（肉体的疲労）」「心の疲れ（精神的疲労）」「神経の疲れ（神経的疲労）」の3つがあり、いずれの疲労感も本物です。ただし、この3つの疲れによってウィルパワーが消耗することはなく、本来は集中力が低下することもありません。

疲れをリセットする3つの回復法

睡眠　　感覚から癒やす　　不安を書き出す

ところが、脳は作業後の疲れや運動後の疲労感を「脳の疲れ」だと思い込み、物事に集中することに対してブレーキをかけてしまうのです。

そこで、疲れに対する対策として重要なポイントは、次の2つとなります。

1つ目は、「脳は疲れを知らない」という原則を知ること。

2つ目は、疲労感の原因となっている前述した「3つの疲れ」を軽減し、脳疲労の唯一の要因であるウィルパワーをしっかりと回復させること。

本章では、3つの疲労の軽減とウィルパワーの回復に焦点を当て、あなたの集中力を高めるために役立つ3つのキュア（回復法）を紹介していきます。

キュア 1

睡眠

**疲れを回復させ、
身体と脳を
補強してくれる。**

集中力を最大限に活用するために不可欠なのが**「睡眠」**です。

睡眠不足は、脳科学的に言うと「軽度の前頭葉の前野機能障害」に分類されます。簡単に言えば、脳が酔っ払っている状態です。さらに睡眠時間が6時間未満の慢性的な睡眠不足のとき、人は普段よりも外部からのストレスや刺激に過剰反応しやすくなります。すると、わずかな物音が聞こえても意識がそちらに向いてしまい、集中が続きません。

なによりころころと注意力が向かう先が変わるため、ウィルパワーを消耗しやすくなってしまいます。**睡眠不足は集中力を奪う要因となる**のです。

そういう意味で集中力と最も相性の悪い行為が、「徹夜」です。

一夜漬けの試験勉強、締め切りギリギリの徹夜作業など、「昨日も徹夜しちゃってさ……」「もう20時間も寝てないよ」といったがんばりは、集中力を散漫にさせ、質の高いアウトプットにはつながりません。

気合いと根性でつらい一夜漬けの勉強に耐えたとしても、残念ながらその努力は脳のメカニズムに反しています。というのも、**脳は忘れるようにできている**からです。

ドイツの心理学者エビングハウスが行なった有名な実験によると、人は記憶したことの4割以上を20分後に忘れ、1日経つとその7割以上を忘れてしまいます。徹夜の試験勉強で覚えたことの大半は、すぐに脳から流れ去っていくのです。

しかも、睡眠不足によって集中力が低下してしまう。

寝る時間を削ってまで踏ん張ることで、根性を示すこと

はできますが成果を高めることはできません。

できる人ほど、よく眠る

大切なのは、いかに質の高い睡眠を取るか。適切な睡眠時間を確保することは、集中力を回復させるうえでも、仕事や勉強で成果を出すためにも欠かせません。なぜなら、**人間の脳は寝ているときに回復し、学んだことを記憶に定着させているから**です。

第2章のエンジン3「食事」で、「脳は睡眠中も休むことなく働き続けている」と書きました。脳はウィルパワーの燃料となるブドウ糖を毎時約5グラム消費します。しかも、それは眠っている間も変わりません。

では、眠っている間、脳はエネルギーを消費しながら何をしているのでしょうか。大きく分けると2つの仕事を同時進行させています。

1つは**疲労の回復や損傷してしまった神経細胞の補強**です。

その際、日中にここまでに紹介した「ルール」や「エンジン」を実践していると、筋肉トレーニングと同じ仕組みが働き、回復、補強が行なわれている間にわずかずつですが、ウィルパワーが鍛えられていきます。

もう1つの仕事は、**記憶の定着**です。起きて活動している間、脳には五感を通じてありとあらゆる情報が集まってきます。その中で、記憶に残すべき重要な情報と不必要な情報を取捨選択。外部からの新たな情報の流入が著しく下がる睡眠中に、記憶を定着させていくのです。

これが、どんなに忙しくても睡眠時間を確保しなければいけない理由です。実際、**東大に合格した受験生は、平均7時間前後の睡眠時間を取っていました**。眠る時間を削ってまで勉強しているイメージもありますが、「規則正しい生活を送り、徹夜はしない」という勉強スタイルをつくっている人がほとんどです。

よく「授業を1回受ければ、覚えられる」「1日2~3時間の予習復習で十分だ」と話す優秀な学生がいます。また、部活動に熱心に取り組みながら、現役で難関校に合格するいわゆる文武両道の学生たちもいます。彼らに共通するのも、しっかりと睡眠時間を確保していること（授業中にしっかりと眠っていることもありますが……）。

寝るから覚えられる。寝るから勉強に必要なウィルパワーを回復させることができる。本章では3つのキュアを紹介しますが、絶対に欠かせないものが、この「睡眠」です。必要十分な質のいい眠りこそが、あなたのウィルパワーをつくり出すということを覚えておきましょう。

ちなみに**寝る直前に覚えたことは、余計な情報が入りづらいので、記憶に残りやすい**ことがわかっています。寝る前にスマホを操作していると、余計な情報が脳に入ってくるので、寝室に入ったらすぐ眠るよう心がけましょう。

集中力がフルに活用できる「時間の使い方」は、第4章で詳しくお話ししますね。

では一体、何時間眠るのがいいのか？

ウィルパワーの回復に必要十分な睡眠時間は、人によって異なります。

カリフォルニア大学の研究によると、その人が必要とする睡眠時間は遺伝子によって決まっていて、3つのタイプに大別されます。

あなたの周りにも1人か2人いるかもしれませんが、毎日3～4時間の睡眠で元気に過ごしているのが、「ショートスリーパー」に分類されるタイプの人たち。全体から見ると少数派ですが、ショートスリーパーは驚くほど短い睡眠時間で疲れを回復させることができます。

歴史上の人物で言うと、ナポレオン・ボナパルトやトーマス・エジソンが代表的なショートスリーパー。彼らは夜、まとまった睡眠時間を取る代わりに、**「昼寝」の習慣があったと記録されています**。

同じく少数派なのが、10時間前後眠らないと元気にならない「ロングスリーパー」に分類される人たち。彼らは「怠けている」と誤解されがちですが、人よりも長時間眠らなければ疲れが回復しない体質なのです。

こちらの代表的な存在は、物理学者のアルベルト・アインシュタイン。アインシュタインは寝室にカギをかけ、誰にも邪魔されない状態にして1日10時間は眠っていたと言われています。

こうしたショートスリーパー、ロングスリーパーは双方合わせて、全人口の2割弱だとされています。残りの8割以上の人々は7〜8時間の眠りで回復する「ミドルスリーパー」です。

もし、あなたも多数派であるミドルスリーパーだとすると、睡眠時間が7時間を切った日には、酔っ払っているのと同じくらい判断力が低下することがわかっています。人生の選択を間違えないためにも、睡眠時間は十分に確保したいものです。

このミドルスリーパーは「**バリュアブルスリーパー**」とも呼ばれています。

なぜ、ミドルスリーパーだけに別の呼び名が付いているかと言うと、**訓練次第で必要十分な睡眠時間を変えられる＝バリュアブルなスリーパーだから**です。

バリュアブルスリーパーである多くの人は、訓練によって必要十分な睡眠時間を6時間程度まで圧縮できることがわかっています。

ただし、ショートスリーパーに分類されるレベルまで落とすことはできません。忙しいビジネスパーソンが「ショートスリーパーになりたい」と短時間睡眠を続けるケースなどがあるようですが、そこには必ず無理が生じてしまいます。

たとえば、朝の通勤電車の中でぽかんと口を開けて眠ってしまっているようなら、それは睡眠時間が足りていないサイン。もちろん、電車に乗っていると感じる周期的な振動や音は、眠気を誘うリズムになっていますから眠くなるのは自然なことです。
しかし、乗り過ごしてしまうくらい深い眠りに落ちてしまうようなら、睡眠時間について一度見直したほうがいいでしょう。
短ければいい、長ければいいではなく、自分がどのタイプかを見極め、適切な睡眠時間を確保することが大切です。

何時間寝たか、より何時に寝たか

眠り方の基本はやはり朝型の生活スタイル。

都市で生活していると夜更かしも当たり前になり、深夜2時、3時まで活動する夜型の生活スタイルが定着している人もめずらしくありません。しかしそれは、人間本来のリズムを無視した暮らし方です。

私たちは元々、夜行性の動物ではありません。朝起きて、太陽が出ている間に活動し、暗くなったら安全な場所に移動して、夜には眠りにつく。大昔からくり返されてきたリズムは、現代に生きる私たちの体にもしっかりと刻み込まれています。

ですから、質の高い睡眠を取るためにはまず、朝早く起きて行動を開始する習慣を身につけることです（早く起きる方法は、早く寝ることです）。

すると、夜21時、22時には自然と眠くなってきます。実はこの眠くなる時刻も非常に重要です。というのも、集中力を回復させる良い睡眠を取るためには、ショートスリーパー、ロングスリーパー、バリュアブルスリーパーのどのタイプにも共通して「何時に眠ったか」が関係してくるからです。

具体的に言うと、**睡眠の質は22時から夜**

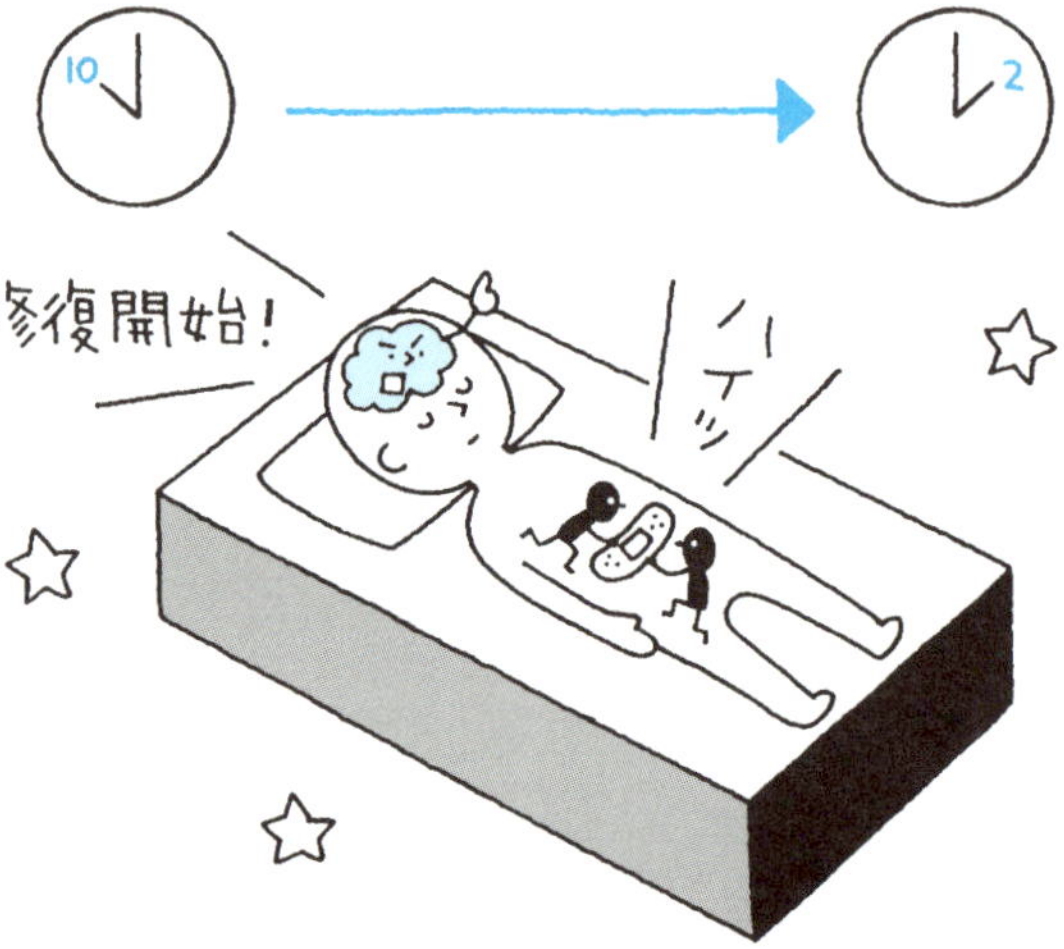

中2時の間に深い眠りに落ちているかどうかで決まります。この時間帯は成長ホルモンが盛んに分泌されるゴールデンタイム。成長ホルモンと聞くと、成長期特有のものと思われるかもしれませんが、**傷ついた細胞を修復し、疲労を回復させる効果があり、大人にとっても欠かせないホルモンです。**

たとえば、紫外線によるシミやシワなど、肌の細胞へのダメージを修復しているのも、この成長ホルモン。早寝早起きが美容に良いとされるのは、成長ホルモンが分泌されるゴールデンタイムをうまく活かしているからです。

もちろん、このゴールデンタイムは脳の疲労回復、神経細胞の修復にも効果があり、集中力の源となるウィルパワーを回復させてくれます。

快眠を促す習慣、妨げる習慣

「質の高い睡眠を取りたい」と思ってはいても、眠りに関する悩みを抱えている人は少なくありません。

たとえば、なかなか寝つけないという悩み。これは夜型の生活リズムが続くうちに、体内時計にズレが生じてしまった影響です。

そのズレを調整するには、**体内に「セロトニン」を溜めることが大切**。148ページでも触れましたが、セロトニンは、ストレスをコントロールし、不安を取り除いてくれるなど、集中力にも深く関与する神経伝達物質です。

そんなセロトニンをつくるには、**起きてから午前10時までに日光を20～30分ほど浴びることや散歩などの軽い運動をすること、そして肉や魚、豆乳や納豆といった大豆食品、乳製品などに含まれるトリプトファンを摂取することが良い**とされています。

とくに有効なのは、朝食に魚を食べること。イワシやサバなどの青魚に含まれるDHAやEPAといった良質な脂は、体内時計をリセットする効果があると言われています。

朝起きて20～30分ほど散歩をし、焼き魚に味噌汁といった朝食を摂ると、体内時計はもちろん、生活リズムも整っていくはず。

一方、快眠を妨げる「悪い習慣」もあります。それは寝る前にスマートフォンやテレビ、パソコンの画面を見ること。液晶画面から出るブルーライトは、人間の活動性

セロトニンを増やす習慣

1. 青魚、バナナ、卵、鶏肉、ひじき等の食品を摂る
2. 午前中に陽の光を浴びる
3. リズム運動(階段昇降やスクワットなど)
4. 「笑う」「泣く」などの豊かな感情表現
5. 音読法

を高めるので、脳が昼間だと勘違いしてしまいます。

できれば、眠る2時間前からスマホやテレビ、パソコンの画面を見ないようにしましょう。

また、**寝る1時間前に入浴するのも、入眠を促すのには効果的です**。

入浴すると体が温まり、一時的に体温が上昇。その後、徐々に体温が下がるにつれ眠くなる習性が働きます。この体温の下がるタイミングに合わせて布団やベッドに入ると、自然と眠気が訪れます。

ですから、寝る2~3時間前に食事をし、風呂に入ってから1時間休む。その間にブルーライトは浴びないようにする。これで睡眠の質が上がります。

ちなみに、第2章で解説した**「瞑想」にも、睡眠の質を高める働きがあります**。

音ではなく「光」で起きる

生活リズムの改善と並行して、寝室の環境を整えることも睡眠の質を高め、集中力の回復に役立ちます。

ポイントとなるのは、**光と音**です。

私は田舎育ちなので実感していますが、東京をはじめ、都市部の夜は明るすぎます。電気を消しても外からの明かりで、部屋の中が真っ暗になることがありません。そこで、窓には「遮光カーテン」を付けましょう。**質の高い睡眠を取るには、眠っている間に光の刺激を受けない暗闇が必要です**。

一方、**朝起きるときは目覚まし時計を使わないようにしましょう**。実は騒がしい音で起きるのは、脳に良くありません。動物はかすかな音でも跳ね起きるようにして目覚めます。これは「音＝敵が襲ってきた」と判断するよう本能に刷り込まれているからです。

これは私たちの遺伝子にも伝わっていて、音で目覚めるときは逃げるために最低限必要な機能しか目覚めません。結果、寝起きからしばらくの間ボーッとしてしまうのです。

できれば、光で目覚めたい。しかし、暗闇も欲しい。この都市型生活に付きまとう矛盾を乗り越えるのに役立つのが、最新のデバイスです。

たとえば、スマホやタブレッドで操作して時間を合わせ、光の種類も調整できる「**hue**（ヒュー）」というLED照明器具があります。そのタイマー機能を使い、朝になったら自然光に近い発色で点灯するようにすれば、自然な目覚めを再現することができます。

あるいは、起床時刻の少し前からライトを点灯することで眠りを浅くする機能がついた目覚まし時計を使うなど、光で覚醒を促すといいでしょう。

「Sleep Cycle alarm clock」という睡眠の状態を解析するアプリなどを使う方法もあります。眠りが浅くなったときに起こしてくれるので、すっきり目覚めることができます。「Sense」というアイテムは、温度、湿度、照度、空気の清浄さ、音などを測定し、睡眠に最適な「環境」をつくり出すためのアドバイスをくれます。

目覚めた後は、寝室のカーテンを思い切り開け、朝日をたっぷりと浴びるようにしましょう。**セロトニンが分泌され、体内時計がリセットされて、脳と体を休息の夜から活動の朝に変えてくれます**。

もちろん、遮光カーテンなしでも夜には部屋が真っ暗になり、朝には陽の光が差し込む。そんな環境が睡眠の質を高めるには、理想的です。

朝からすっきり目覚めることは、朝型の生活リズムの土台がつくられ、結果的にウィルパワーをしっかりと充電し新しい1日に臨めるようになります。

明るさを徐々に落とし、寝る準備をつくる

少しずつ眠り、少しずつ目覚める

ちなみに、私の起床と就寝を紹介すると、実際にｈｕｅを使い、光で目覚めるようにしています。その後、建物の共用部分にちょっとした庭があるので、そこを歩きながら本を読んだり、筋トレをしながら朝日を浴びます。

一方、寝る前の光にもこだわっています。まず、入浴後にブルーライトを浴びないのはもちろん、部屋の光も徐々に落としていきます。ここでもｈｕｅの調光機能が活躍。時間に合わせて、徐々に光の明度、彩度を落としてくれるので**自然と脳と体が寝る準**

備をしてくれます。hueがなくとも、蛍光灯ではなくクリプトン球などの間接照明を活用するのがいいでしょう。

また、どうしても夜間にパソコンやスマホを使わなければいけない場合に備え、パソコン画面の光からブルーライトをカットして、位置情報に基づいてその時間の自然光に近い光に調整してくれる「f.lux」というアプリを入れています。（最新のiPhoneのOSにも、ナイトシフトという同様の機能が実装されました）

このように**光をコントロールすることによって、集中力を高める眠りをつくっている**わけです。

15分のパワーナップは、3時間の睡眠に匹敵する

日中にウィルパワーを回復させたいなら、**パワーナップと呼ばれる仮眠がオススメです**。パワーナップはベッドや布団などに横になる昼寝と違い、目を閉じ、じっとして休息することで疲れと眠気を取り去る脳の回復法。15〜20分のパワーナップは、夜の3時間の睡眠に匹敵し、回復した集中力や注意力は150分持続します。

その最大のメリットは、オフィスのデスクなどでも行なうことができ、短時間で効率よくウィルパワーを回復させる点です。

その秘密は、人の眠りのベースとなっている**「ウルトラディアンリズム」**にあります。私たちの睡眠は90分の深い眠りと20分の浅い眠りをくり返すリズムで成り立っています。

パワーナップは20分の浅い眠りを取ったと脳に錯覚させることで、ウィルパワーを劇的に回復させるのです。これがスリープ（睡眠）である仮眠とパワーナップの違いです。

アメリカでは、すでにその有効性が認められGoogleやナイキ、Apple、NASAなどが導入。オーストラリアのビクトリア州の交通事故対策委員会では、ドライバーの運転時の疲労リスク軽減を目的にパワーナップが推奨されています。

日本でもリフレッシュして仕事の効率化につながる

よう、「パワーナップ制度」を設けている企業があります。「パワーナップ中」だと周囲にわかるようにしておけば、業務時間中であっても1日1回15〜20分のパワーナップを取ることができるというもの。仮に取引先から電話がかかってきたとしても周囲は本人を起こさず、20分後に折り返し連絡させるという仕組みになっているそうです。

パワーナップを行なう際は部屋の明かりを消した状態で横になり、目を閉じ、ゆっくり呼吸する状態が最適とされています。しかし、**椅子に座った状態で目を閉じ、腕を枕に呼吸のペースを落とすことでも同様の効果が得られる**こともわかっています。

学校の授業中、机に突っ伏して眠ってしまった経験は誰しもあると思いますが、あのスタイルで目を閉じて呼吸のペースをゆるやかに保てば、それがパワーナップとなります。

ですから、昼休みの終わりの20分を使えば、会社でも簡単に実践することができるはずです。周囲の物音や光が気になる人は、耳栓やアイマスクを用意しておくといいでしょう。また、最近は腕にはめるような枕なども売っていますから、自分なりの快適なパワーナップ方法を見つけてください。

ちなみに、パワーナップのはずがそのまま眠ってしまい、20分以上経過した場合は、**深い眠りから無理に起きるよりも、レム睡眠のサイクルである90分の仮眠を取り、起きたほうがすっきりします**。

私のように一人で過ごすことの多い仕事の場合、パワーナップのまどろむような状態は気持ちが良く、ついついそのまま仮眠してしまいたい誘惑にかられますが、そこは我慢。タイマーをセットし、20分以内に切り上げるよう心がけています。

というのも、30分寝てしまうと逆に集中力や注意力が散漫になるというデータもあるからです。15〜20分という原則を守り、パワーナップを取り入れていきましょう。

＼まとめ／

成功者ほど、よく眠っている。
疲れを持ち越さないために、22時〜2時《ゴールデンタイム》は、休息しよう。

キュア 2

感覚から癒やす

脳の疲れだと
錯覚している「疲れ」を
リセットする。

仕事や勉強をしていると、「脳が疲れた」と感じることがあると思います。

そして、脳の疲れが集中力を低下させているのだと考える人も多いのではないでしょうか。しかし、最新の脳科学の研究によると、**「脳は疲れない」**と言われています。

実は、私たちの感じている**疲労の原因は脳の疲れではなく、体の他の場所にある**ということです。

その場所とは具体的に言うと、神経と筋肉です。とくに神経の集中している目の疲れを、私たちは「脳の疲れ」と錯覚しているのです。

とはいえ、こうした体の各部位の疲れが、集中力や記憶力の低下に関係しているのは事実。つまり、**目の疲れを取ることで、集中力を取り戻すことができる**のです。

■脳の疲れは、目の疲れ

心理学者はよく「**目は心の窓**」と表現し、その人の目を見れば心の中が見えると言います。また、私たちメンタリストは、「人の目の動き」にいつも注意を払っています。なぜなら、**目の動きにはその人の思考や心理状態がダイレクトに表れる**からです。

たとえば、商談の場で相手がこちらの話を聞きながら、目を落ち着きなくきょろきょろと動かしている場合、目の前のその人はまったく別のことを考えています。逆に、こちらの目を見て、「なるほど、なるほど」「そうなんですね」と頷《うなず》いていれば、相手はあなたの話をしっかりと聞き、検討していると見て間違いありません。

これはわかりやすい一例ですが、基本的に「見る、聞く、学ぶ」といったインプット作業に集中しているときには、目はあまり動きません。逆に考えごとをしているとき、大勢の前で発表しているときなど、アウトプット作業をしている間、目はせわしなく動きます。

ではどうして「目は心の窓」と呼ばれ、その動きが心理を映し出してしまうのかというと、それは**目が脳と直結する特殊な器官だから**です。

脳から出ている末梢神経である脳神経は12種類あります。そのうち4分の1に当たる3つの神経、三叉神経、視神経、動眼神経が目につながっていて、とくに視神経と動眼神経は他の器官を経由せず、ダイレクトに脳と連結されています。

しかも、脳と器官が脳神経によって直結されている器官は、目だけなのです。それだけ目は私たちの体の中で特殊な器官で、脳の出張所とも呼ばれるほど。実際、**脳が処理している情報のうちの8割以上は、視覚を通して集められています**。

仕事中の自分や勉強中の自分を思い返してみると、あなたも自分がどれだけ目を酷使しているか、すぐに気づくのではないでしょうか。

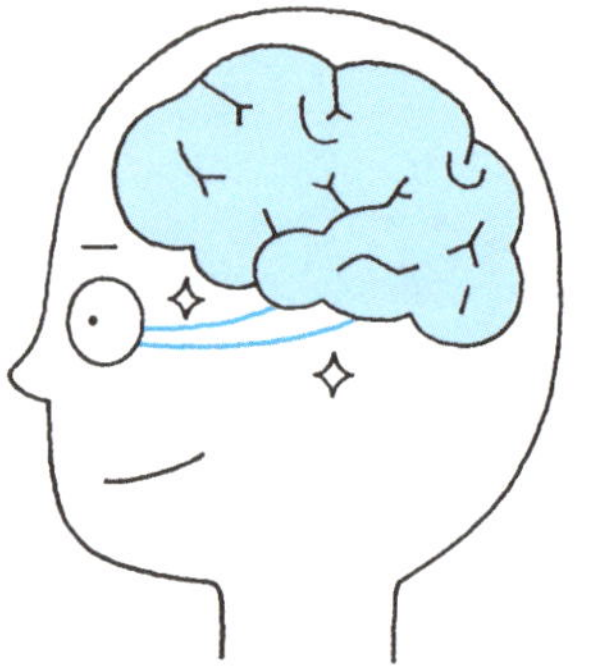

目と脳はダイレクトにつながっている

細かい字が表示されたパソコンのモニタを長時間見つめ、休憩時間にスマホをいじり、会議などでは紙の資料を読み込みます。受験生は参考書を熟読し、問題集を解き、休み時間にスマホのゲームでリラックス。いずれにしろ、現代の暮らしは目を酷使する生活と直結しています。

そして、目を使えば使うほど、脳に送られる情報は増え、その取捨選択のためにウイルパワーは消費されていくのです。

疲れの正体は、目の周りの筋肉の凝り

一方、目の疲れはそのまま集中力の低下につながります。

たとえば、長時間パソコンを使い、モニタを見つめていた結果、目がかすみ出し、頭もぼんやり。そんな経験をした方も少なくないはずです。

どんなにやる気があっても、目が疲れると集中力が続きません。これは脳が疲れているのではなく、情報の入口である目の疲れが集中することを妨げているからです。

裏を返せば、**疲れによる目の機能の低下を適宜、回復させることができれば、それ**

だけ集中力を持続させられるということ。つまり、集中力をキュアさせるうえで、目の疲れを解消することは、非常に効果的なのです。

目の疲れの原因の1つは「目の周りにある筋肉の緊張」です。

眼球は外眼筋という6本の筋肉で支えられていて、パソコンやスマホのディスプレイをじっと見続けたり、本を読み続けたりするなど、**長い時間、目を動かさないことで疲労が蓄積されていきます**。また、目のレンズである水晶体の厚さを調節してピントを合わせるための筋肉、毛様体筋も、近くを見続けるなどの負担がかかると、疲労を起こしてしまうのです。

具体的には、目が重い、ショボショボする、目が痛む、かすむ、充血するなどの症状が出ていたら要注意。眼精疲労によって集中力が妨げられているはずです。

目の疲れの解消には、まず筋肉の緊張をほぐすことから始めましょう。

■目を温め、ストレッチし、休ませる

ここでは、オフィスや教室でもすぐに実践できるオススメのケアを3つ紹介します。

やってみよう

目を温める

「目を温める」ことによって、**目の周りの筋肉の血流が改善されます**。血の巡りが良くなると、筋肉を動かすためのエネルギーが円滑に運び込まれ、同時に疲労物質が排出されます。その結果、目の疲れが軽減されるわけです。

電子レンジで温めた蒸しタオル、ドラッグストアなどで購入できるホットアイマスクなどを使い、5分ほど目元を温めると、眼精疲労の他、ドライアイなどのつらさも軽減されます。

目のストレッチを行なう

「目のストレッチ」には、いくつかの方法があります。

まずはウォーミングアップ代わりに、まぶたをギュッと固く閉じ、その後パッと大きく開きます。これを数回くり返した後、次に眼球をゆっくりと上下左右に動かしましょう。これを3セットほど行なったら、仕上げに眼球を右回りに1回転、左回りに1回転、ゆっくりと円を描くように回します。

目の周りの筋肉がほぐれて疲れが取れるだけでなく、まばたきをすることで乾燥していた眼球に潤いを取り戻す効果もあります。

また、パソコンやスマホをよく使い、手元に焦点を合わせる時間の長い方は遠くのものを見るというストレッチの方法もオススメです。

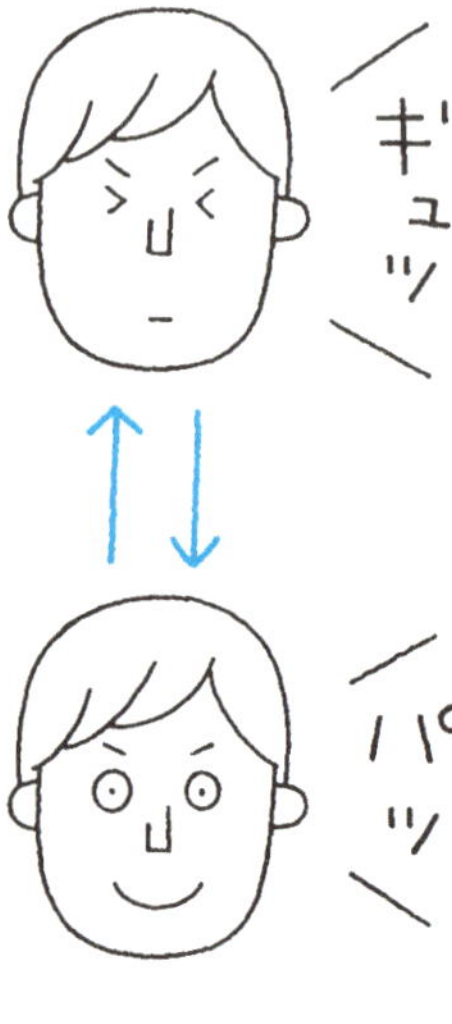

3mくらい先の遠くの目標を見てから、目から30㎝ほどの近くを見る、この動作を交互に20回くり返します。水晶体の厚さを調節してピントを合わせるための筋肉、毛様体筋の疲れが軽減されます。

目を休ませる

「目を休ませる」のに最も効果的な方法は、**真っ暗闇の中で視覚情報をシャットアウトすること**です。5分ほどの短い時間でも視覚情報をシャットアウトすると、目薬やマッサージを上回る疲労回復効果があるとされています。

目を閉じ、分厚いアイマスクを付けて、5分から10分のパワーナップという方法も効果的ですし、ヨガでは道具を使わない「**パーミング**」が行なわれています。

パーミングは両手をこすり合わせて、手のひらを温かくし、まぶたに手が当たらないよう窪《くぼ》みをつくって、両目を覆《おお》います。光が入らないよう指の間をしっかり閉じたら、まぶたを開け、手のひらの中の暗闇を1分間見つめるという方法です。

脳科学の研究でも短時間、視覚情報を断ち切るだけで、睡眠にも似た記憶の整理・

定着効果が期待できると報告されています。空き時間にアイマスクやパーミングを使い、暗闇を見つめてみましょう。

嗅覚を刺激して、ウィルパワーを回復させる

目の疲れを取り除いたあとは、鼻〈嗅覚〉を通して、ウィルパワーを回復させましょう。ショッピングセンターに入ると、ふんわりと爽やかな香りが漂ってきて、「あ、この店は前にも来たことがある」と落ち着いた気分になったり、実家で使われていた柔軟剤の匂いを嗅ぐとリラックスできたり、すれ違った異性から香る香水や石鹸の匂いで誰かを思い出したり……。**香りは、人間の記憶と感情に大きく作用します**。

鼻を通じて感じ取った香りは、その後の脳の大脳辺縁系で処理されます。

感情を司る大脳辺縁系は、嗅覚から入ってきた香りに応じて、ある感情を呼び起こし、行動を促したり、記憶を呼び起こしたりといった働きをします。また、視床下部という部位に電気信号を伝え、ホルモンの分泌を促し、血流を増加させ、血中酸素を

増やすなど、各臓器の働きを調整します。

こうした香りと脳の関係に着目し、特定の匂いを嗅覚から脳へと送ることで、疲労回復やストレス解消、リラックス効果を実現するのが、アロマテラピーです。

当然、その働きの中にはウィルパワーの回復も含まれ、いくつかの香りがとくに効果的だとされています。

ここでは、私も常に持ち歩いている、とくにオススメの3つをご紹介します。

・ローズマリー

脳への血流に作用し、ウィルパワーが回復すると言われています。

集中力の低下時には脳への血流も低下しますが、ローズマリーの香りには血流を改善する効果があり、結果的にウィルパワーを回復させることができるのです。アロマテラピー用のエッセンシャルオイルを数滴ティッシュに垂らして使うのが、手軽な利用法です。

その他、ローズマリーは記憶の改善に効くとされていて、医療の現場では認知症の症状改善にも利用されています。

・ペパーミント

爽やかな香りにはリフレッシュ効果があり、敏捷性《びんしょうせい》や集中力を高めます。さまざまな実験でペパーミントの持つ覚醒効果が認められており、**仕事や勉強による疲労、眠気を改善する力があります。**

エッセンシャルオイルも便利ですが、休憩時間に温かいミントティーを淹《い》れて楽しむとウィルパワーの回復とリラックス効果が得られるはずです。

・シナモン

脳の認識機能と記憶力を高めることができるとされています。

食品売り場に売っているシナモンスティックを常備し、仕事場や学校などで集中したいときに嗅いでみましょう。また、朝食時にシナモンパウダーを使い、コーヒーやシリアルに香り付けする方法もオススメです。
こういったほんのわずかな休息で、疲れが遠ざかり、集中力が戻ってきたことを感じられるはずです。勉強や仕事の合間に取り入れてみてください。

まとめ

目は、脳につながる大切な器官。疲れる前に視覚を5分閉ざして、集中力を取り戻そう。

キュア
3

不安を書き出す

ワーキングメモリーを
リセットして、
本番に強くなる。

あなたには、こんな「モヤッとした経験」がないでしょうか？

部屋に本を取りに行ったはずが、床の汚れが気になってハンディ掃除機を使っているうち、何をしに来たのか忘れてしまった。

スーパーに電球を買いに来たはずが、セール品の棚を見ているうち、安くなっていたスナックを買い、電球を買い忘れてしまった。

雑誌を眺めながら友だちと雑談をしていたら、ついさっき見た映画の主演俳優の名前が出てこなくなってしまった。

実はこれ、第3の記憶と呼ばれる**「ワーキングメモリー」**と関係しています。

記憶には最近の出来事を覚える短期記憶と、昔のことを覚えている長期記憶があります。しかし、この2つの記憶だけでは、何かと生活が不便です。そこで発達したのが、情報を一時的に保つワーキングメモリーという機能です。これは何か目的を持って作業するときに使っている記憶力のことを指します。

たとえば、暗算でお金の計算をするとき、私たちは「全部で1万2900円だから、3人で割り勘にすると、1人4300円ね」といったふうに処理します。簡単に言うと、このとき「1万2900円」や「3人」、「1人」、「4300円」を一時的に記憶するのが、ワーキングメモリーです。

また、目の前の相手と話しているとき、相手の質問にスムーズに答えられるのはワーキングメモリーに「相手の質問内容」が記憶されているから。つまり、**仕事や勉強の間、私たちは常にワーキングメモリーの助けを借りている**わけです。

ところが、ワーキングメモリーにはウィルパワーと同じく個人差があるものの、一定の容量があります。同時にいろいろな作業をこなしたり、選択と決断をくり返したりするうち、覚えられないものが増えてくるのです。

すると、ボーッとしたり、判断が鈍ったり、1つのことを深く考え続けることができなくなります。つまり、ワーキングメモリーがいっぱいになった状態もまた、集中力の低下した状態だと言えるのです。

本番のプレッシャーを集中力に変えるには

そんなワーキングメモリーについて、シカゴ大学の心理学者シアン・バイロック教授がおもしろい実験を行なっています。
それは**試験前にあらかじめ不安を書き出すことで、問題を解くために使えるワーキングメモリーが増えるというもの**。バイロック教授らは、大学生の被験者20名に2セットの数学のテストを受けてもらいました。
1回目のテストでは単純に「ベストを尽くすように」と指示し、2回目のテストの前には「成績優秀者には賞金が出る」「成績が悪ければ連帯責任としてチームの他のメンバーに迷惑をかける」「試験の様子はビデオ撮影され、数学の教官に見られる」

といった「プレッシャー」を条件付けしました。

そして、2回目のテストの前に、半数の学生には10分間「試験に関する不安」を書き出してもらい、もう半分の学生には10分間静かに座っていてもらいます。

その結果、試験直前に静かに座っていたグループは2回目のプレッシャーのかかったテストで、1回目のテストと比べて正答率が12%も低下。一方、試験前に不安を書き出したグループは2回目のテストのほうが、1回目のテストより5%正答率が向上したのです。

合わせて、バイロック教授らは別の実験で「紙に何かを書く行為」に緊張を和らげる効果があるのではなく、**「試験に対する不安について書き出すこと」に効果がある**ことも証明しています。

なぜ、「試験に関する不安を書き出す」と成績

が向上するのか。その理由は、ワーキングメモリーにあります。プレッシャーを受け、試験に対する不安が高まると、ワーキングメモリーが心配事だけで手一杯になってしまうのです。

ところが、**紙に書き出すことで心配事が外に吐き出されるのです**。その結果、ワーキングメモリーがリセットされ、空き容量が増えるという仕組みです。

バイロック教授らは、本番で実力が発揮できないプレッシャーに弱いタイプの人は、本番前に不安を書き出すことでパフォーマンスが大きく向上すると指摘しています。

つまり、**自分の不安な気持ちを書き出すことには頭のなかをスッキリさせ、集中力を高める働きがあるのです**。

この手法は試験勉強だけでなく、クライアントに向けたプレゼンテーション前、大切な場でのスピーチの前、就職や転職のための面接前など、プレッシャーのかかるシチュエーションならば、共通して役立ちます。

いざというときに集中力を発揮したいなら、手を動かして、紙に不安をすべて書き出してしまいましょう。

休憩後に、速やかに集中状態へ戻るには

手を動かして不安を取り除くことをお話ししましたが、最後に、同じく手を動かして、休憩後に速やかに集中力を取り戻す効果的な方法をご紹介します。

人は、**最初の5分間にうまく集中することができると、その後も集中力が続く**とされています。つまり、休憩後の最初の一歩が肝心。ここでグッと仕事や勉強に向き合うモードをつくることができれば、質の高い集中した時間をつくり出せるのです。

逆に休憩モードのまま、だらだらと仕事や勉強を始めると、結局、「したつもりの時間」が過ぎていき、成果が上がらず、「今日はうまくいかなかったなぁ」という残念な結果になってしまいます。

大切な成果に向けて、明暗を分けることとなる集中状態。そこへの導入をスムーズにするテクニックが、**「簡単な作業、解ける問題から取り組むこと」**です。

作業を再開した最初の5分は、ごく簡単なこと、深く考えなくてもできることに着

手して、一定のリズムをつくっていきましょう。

私が学生時代に実践していたのは、勉強を始める最初の5分間を以前やったことの復習あるいは、単純な計算問題などに当てることでした。簡単な足し算や掛け算のドリル、当時流行っていた脳トレなど、頭を働かせずにできるものから始めることで脳を活性化するイメージです。

いきなり難しい問題や難易度の高い作業から入ろうとすると、すぐに集中力が途切れてしまいます。そういうものは後回しにし、まずは簡単なことから始めてどんどん手を動かしていきましょう。

大切なのは作業を始めた5分間で、ごく簡単なこと、深く考えずにできることに着手し、一定のリズムをつくることです。これは勉強が苦手、企画書をつくるのが下手など、苦手意識を持っている作業に向き合うときほど、効果的。**最初に簡単なことを行なってリズムをつくり、苦手意識を薄くすることで、自信と集中力が持続します。**

ちなみに、私は今も勉強や作業をする前に、スマホのアプリの足し算や漢字の書き取りなどで、ちょっとした助走を付けています。

仕事場なら、コピーを取って資料を作成する、定型文を使えば完成するようなメールを送るなど、ごく簡単な作業系の仕事がいいでしょう。そこから徐々に創造性が必要な作業に入っていくと、無理なく集中力が高まっていくはずです。

まとめ

集中力は、手でつくるもの。負の感情を書いて、プレッシャーに勝てる脳をつくろう。

第4章

集中力を自動でつくり出す5つの時間術

いつもの仕事の時間を変えるだけで、パフォーマンスは上がっていく

ビジネスの世界では、「重要な仕事は、忙しい人に頼め」という格言めいた言葉があります。普段から仕事が集中して忙しい人ほど、効率的に作業を進めるコツをつかんでいるので、「複数案件の同時処理に長けている」と考えられているからです。

そして、忙しさの中でいくつもの仕事に対応するうち、処理能力自体が向上。ますます段取りが良くなり、一定の水準に達した成果を出すため、周囲からの信頼が高まっていきます。その結果、さらに仕事が集まる好サイクルに入っていくわけです。

そういった**「重要な仕事の集まる人」には、ある共通点があります**。それが本章で

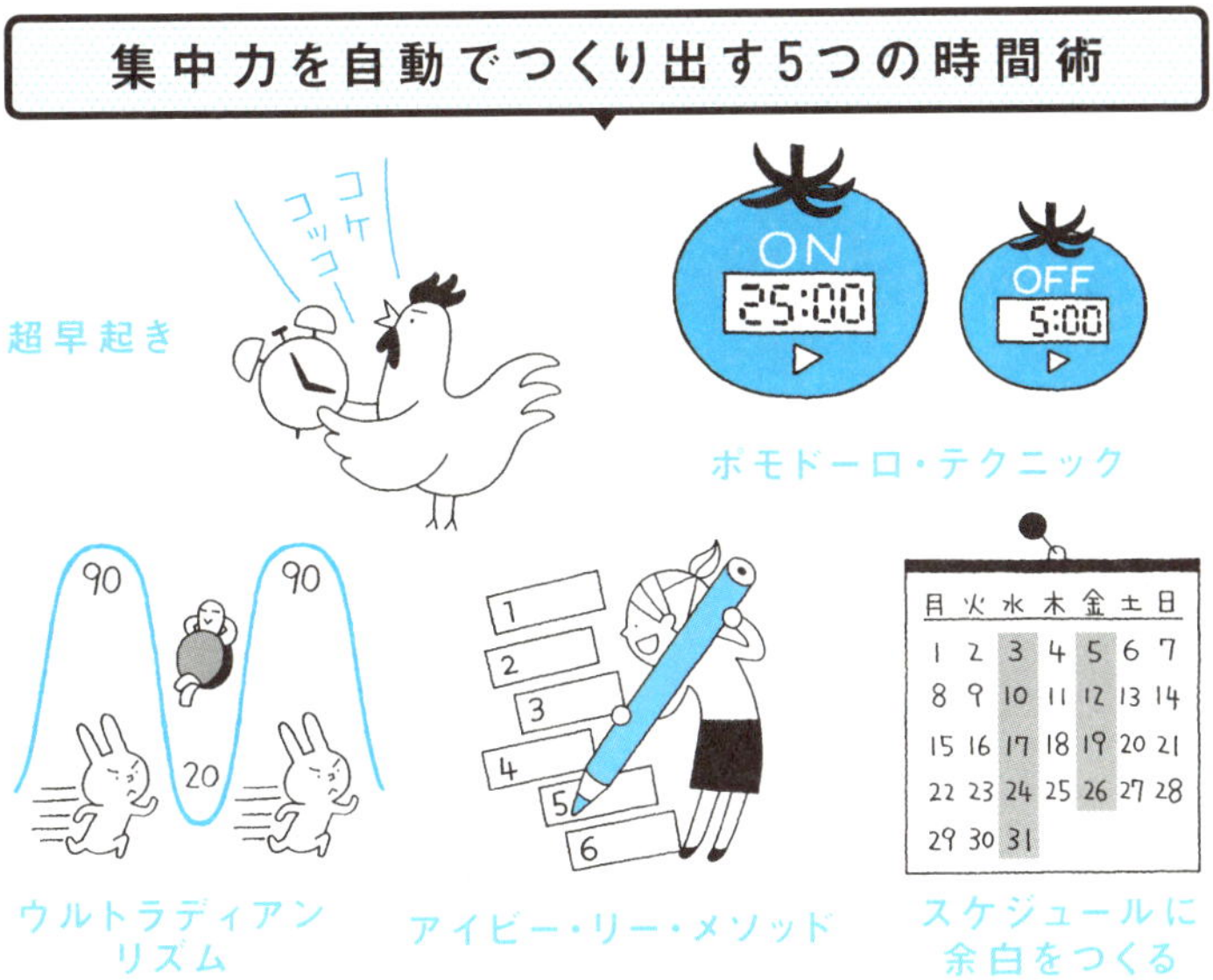

お話しする**「時間の使い方」**です。

実は、彼らは高い自己コントロール力によって、常に自分を「時間がない」「でも、やらなくてはいけない」という状況に追い込み、短時間で多くの作業を処理できる集中力をつくり出しているのです。

この「集中力を自動的につくり出す時間術」は、才能がなくとも誰でも、訓練によって身につけることができます。

なぜなら、平等に与えられている24時間をどう振り分けていくかは、あなた自身で決めることができるからです。

時間術
1

超早起き

**人生で大切なことは、
午前中に終わらせろ。**

ヴァージン・グループの創業者で冒険家のリチャード・ブランソン、AppleのCEOティム・クック、スターバックスのCEOハワード・シュルツ、Amazonの創業者であるジェフ・ベゾス、Yahoo!のCEOマリッサ・メイヤー、ニュースサイトThe Huffington Postの創設者アリアナ・ハフィントン……。

この錚々《そうそう》たる面々にはある共通点があります。

それは早起きであること。なかでもティム・クックやハワード・シュルツは毎日4時半に起床していることで知られています。また、リチャード・ブランソンは早起きの理由を聞かれ、「**世の中はこんなに楽しいことで溢れている**。ワクワクして寝てな

んかいられないよ」と答え、前夜に何があっても5時過ぎには目が覚めるそうです。

では、彼らはなぜ、人よりも早く起き、朝の時間を大切にしているのでしょうか？

その答えは、やはり集中力にありました。

脳科学の研究によると、**脳は、朝起きてから2時間の間に最もクリエイティブな力を発揮することがわかっています**。

彼らはその2時間をフルに活用するため、**家族にも社員にも邪魔をされない早朝に起き、睡眠によって回復した十分なウィルパワーをクリエイティブな発想に費やしています**。

つまり、集中力の仕組みを知ったうえで、

脳が最もフレッシュな朝を自分の時間として使っているわけです。

ところが、世の中の多くの人は、大事な朝の2時間の価値を知らないため、朝の時間をフイにしています。「5分でも長く寝たい」という思いから通勤、通学にぎりぎりの時間にセットした目覚まし時計の騒々しい音で起き出し、バタバタと準備をして、朝食もそこそこに家を出ます。

都市部で暮らしている人は、そこから学校や職場まで朝のラッシュに巻き込まれ、クリエイティブな発想どころか、混み合う電車やバスの中でいかに自分のスペースを確保するかに集中。運動とは異なるイヤな汗をかき、学校や職場に着くとルーティンな作業に向き合うこととなります。

その結果、勉強や仕事の中でクリエイティビティや集中力を必要とする場面に出くわしたときにはすでにウィルパワーの多くが失われており、集中できないまま終わってしまうのです。

そして、「自分は疲れやすく、集中力が低い」と自己否定に陥ってしまう。これは非常にもったいないことです。

朝のゴールデンタイムを自分のためだけに使おう

集中力が最も高くなる朝の2時間。その中でもとくに重要な30分があります。それは十分な睡眠を取り、朝食を摂った後の30分です。

このゴールデンタイムは、1日の中で最も集中して物事に臨みやすく、なおかつ、自分をコントロールする力も高まっている時間帯になります。もし、あなたが**何か新しいことを始めたい、人生を変えるための勉強をしたいと思っているなら、この30分を有効に活用すべき**です。

そのために必要なのは、やはり早く起きること。先ほどの錚々たる面々ほど早くは起きられなくても、朝食後の30分から1時間をじっくりと自分のためだけに使えるようなスケジュールを組みましょう。実際、朝をピークに昼から夜にかけて集中力や自己コントロール力は徐々に下がっていくことがわかっています。

1日の中で最高の集中力を持って臨むことのできるゴールデンタイムを、自分の将来のための勉強やトレーニングの時間などに充てることは最高の自己投資となります。

夜、仕事から疲れて帰ってきて、新しいことにチャレンジするよりも短い期間で確実にものにすることができるはずです。

8時に家を出るのなら、**6時に起き、朝食を済ませ、6時半〜7時半の1時間を自分だけのために使う。そんな習慣をつけましょう。**

毎朝1時間の集中した自分のための時間をつくることができれば、1年で365時間（＝15日）になります。**早起きを続けることで、丸々2週間分のクリエイティブな時間が手に入ります。**

そこで積み重ねた思考や体験は、近い将来、大きな成果となって返ってくるはずです。

ちなみに、朝食後30分をピークとした集中力の高い状態は、そこから約4時間持続することが明らかになっています。6時に起床した人なら、だいたい11時くらいまでが知的作業に向いた時間帯ということです。

その後、午後にかけては徐々にウィルパワーを失い、クリエイティビティや集中力を発揮するのが難しくなっていきます。もちろん、すでに紹介したパワーナップなどの方法で一時的に回復させることはできますが、それでも朝のゴールデンタイムを超えるピークには至りません。

これは裏を返すと、睡眠時間がどれだけ集中力にとって重要な要素であるかの証明でもあります。

ウィルパワーの量に合わせた理想的な一日のスケジュールは、大まかに「大きな決断」→「クリエイティブ作業」→「単純作業」の順となります。

時間帯の使い分けには「正解」がある

たとえば、経済的、社会的に成功している人たちと一般の人の睡眠時間を比べたアメリカの研究によると、**成功している人たちは長時間眠っている**ことがわかっています。その平均睡眠時間は約8時間。一方、一般の人の平均睡眠時間は約6時間。睡眠時間に2時間もの差があったのです。

実際、毎朝4時半に起きると紹介したAppleのCEOティム・クックは毎日確実に7時間の睡眠時間を確保していることを公言しています。同じく4時半に起床しているスターバックスの創業者ハワード・シュルツは8時間睡眠の提唱者です。

なぜ、社会的に成功している人のほうが長く眠っているかと言うと、**取り組む作業に高い集中力が必要な人ほど、ウィルパワーが十分に回復するに足る睡眠時間が必要になるから**です。

しかし、4時半に起床する人が8時間眠るには、20時半には寝なければいけません。これは一般的な感覚からすると、かなりの早寝。ところが、人の体を動かしている体内時計「サーカディアンリズム」で考えると、非常に理想的な生活サイクルなのです。

サーカディアンリズムとは、原始時代から今に至るまで哺乳類がくり返してきた「日の出とともに朝起きて、日が落ちるとともに眠くなり、夜は寝る」という生活サイクルを通じてつくられたリズム。私たちの体の各機能は、サーカディアンリズムに合わせてうまく働くようになっています。

一例を挙げると、17時頃は、心臓などの循環器系の効率が一日のうち最も高く、力が出やすい。**午前10時は、認知能力が高く、集中しやすいことがわかっています**。だからここで勉強をしないのは、とてももったいない。

普段はあまり意識することはありませんが、たとえば、海外旅行をしたときの時差ボケはサーカディアンリズムの乱れによって生じるもの。十分に眠ったはずが、目覚

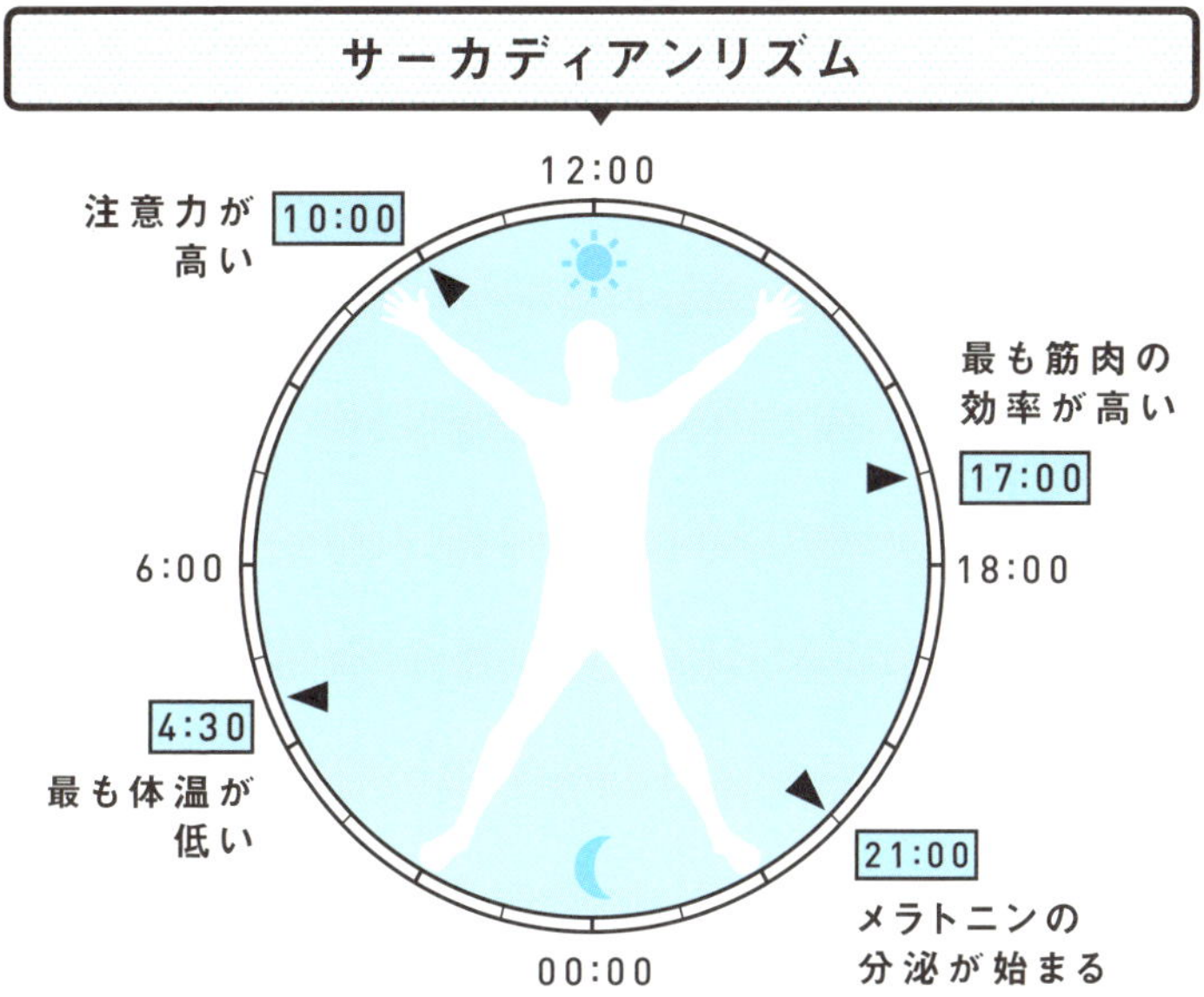

めても外が真っ暗で睡眠不足気味になり、頭はボーッとし、疲れが取れません。これはサーカディアンリズムが乱れ、体の機能がうまく働いていないからです。

4時半起床や20時半就寝といった社会的成功者の生活サイクルは一見、極端すぎるように思えますが、体にとって最適なリズムです。

逆に深夜まで残業し、朝も出勤ギリギリまで二度寝するような生活サイクルは、時差ボケのまま日常生活を続けているようなもの。当然、日中に眠気が強くなってしまい、集中力も続かず、体も重くだるさを感じてしまいます。

そんな不調を感じながらも、そのまま夜型生活を続けていると、体内時計が乱れ、不眠症状に悩むことに。眠いはずなのに寝つけず、眠りは浅く、わずかなことですぐに目覚めてしまう状態になります。しかも、睡眠に満足感を得られないので、朝起きるのがつらくなり、起床時間が遅れます。もちろん、朝のゴールデンタイムをゆっくりと過ごす余裕などなく、その先には日中の強い眠気に襲われるという悪循環にハマります。

朝、行なうべき7つの行動

では、どんな朝を過ごすと集中力をつくり出すことができるのでしょうか。

例に挙げた早起きの実践者たちは全員、日々、難易度の高い意思決定を迫られる立場の人たち。そんな彼らに早起きの他、共通している行動がもう1つあります。

それは起きた後、**ランニングやウォーキング、ストレッチ、スイミングなど、何らかの方法で体を動かし、軽く汗を流している**ことです。彼らは早く起きることで確保した朝の2時間の中に、**15分程度の運動を盛り込み、脳を活性化**。さらに集中力を高めているのです。

私はこうした実践者たちの実例や脳科学などの研究書を読み込み、また、メンタリストとしての知識を合わせて、誰もが集中力をつくり出すことができる「朝、行なうべき7つの行動」をまとめました。

1. 早起きして、朝食を摂る。
2. グリーンエクササイズなどで、朝日を浴びながら軽く汗を流す。
3. モチベーションの上がる話題や言葉、詩に触れる。
4. 毎日1つ、ノートやパソコンなどに日常の幸せへの感謝を書き留める。
5. 毎日、「今日が人生最後の日ならどうする」と自分に問う。
6. その日の計画を10分以内に立てる。
7. 短時間の瞑想をする。

1つ目と2つ目の早起きと運動、7つ目の瞑想の効用は前述した通りです。ウィルパワーの源である脳の前頭葉へダイレクトに働きかけ、集中力を高めてくれます。

3つ目、4つ目の前向きなインプットやメモは、心を整えるためのアクセント。朝日を浴びることで脳内では幸せホルモンと呼ばれるセロトニンが分泌されていますが、その働きをさらに高めるのが狙いです。前日までに感じていたストレスをリセットし、前向きに新しい1日を始めます。

朝10分の作業で、1日が超効率的になる

5つ目と6つ目は長期と短期のスケジューリングです。

早起きしたときの頭はクリアな状態になっています。そこで、**「今日が人生最後の日ならどうする」**と問うことで、大げさに言えば、この先の人生の目標を思い描くことができます。もし、成し遂げたいことが浮かばないなら、まずは「自分がやりたくないこと」「この先、やるつもりのないこと」をはっきりさせましょう。

それだけで、**ムダな意思決定が減り、ウィルパワーの浪費がなくなります**。また、朝のフレッシュな状態でその日のスケジュールを組み立てることは、まさにその日1

日を充実させるために必要な行動です。

1日の仕事の大半がクライアントなどとの面談ばかりなら時間も区切られ、迷うことはありません。しかし、ほとんどの場合は時間や順序が定められていないデスクワークが中心です。突然のミーティングや廊下での立ち話、顧客からのクレームなど、予想外の出来事に対応しているうち、何をしたのかよくわからない1日になってしまうことも少なくありません。

そうやって失っている時間、集中力は長期的に考えると、大きな損失です。こうしたムダを省くため、**毎朝10分ほど、その日の予定を考える時間をつくりましょう**。

会社に着いたら、最初に何から始めるのか。何時を目処にして終わらせるのか。次に取りかかる仕事は何か。感情的になって判断が鈍ることの少ない朝の時間に、1日の時間を自分でコントロールするための準備をするわけです。

逆算して段取りを立てることができるので、結果的に残業などの先の読めない時間は確実に減っていきます。その分、早く帰宅することができ、早起きのために欠かせない早寝の習慣へつなげていくことができるのです。

毎日20冊の本を読む、私の時間の使い方

私にとって**朝は、大切なインプットの時間**です。新しい分野の本を読み、集中して机に向かい、ノートにアイデアなどを書き出す時間に使っています。

昼は、基本的にアウトプットする時間に使っています。ミーティングや講演、メディアでの活動など、多くの人に会いながら自分の考えを話すことはアウトプットでもあり、同時に、朝インプットしたものを定着させる「復習」の役割も担っています。うろ覚えだった専門的な知識もノートを見返しながら、打ち合わせの席などで話すうち、自分の持っている他の知識と結びつき、しっかりと定着していくわけです。

きっと皆さんもプレゼンテーション用の資料をつくっているときよりも、プレゼン直後のほうが扱った案件についての理解が深まっているのではないでしょうか。これは集中したインプットの後に周囲との会話という刺激によって、記憶が定着していくためです。

これを仕組み化、習慣化するためにも朝のゴールデンタイムに集中してインプット

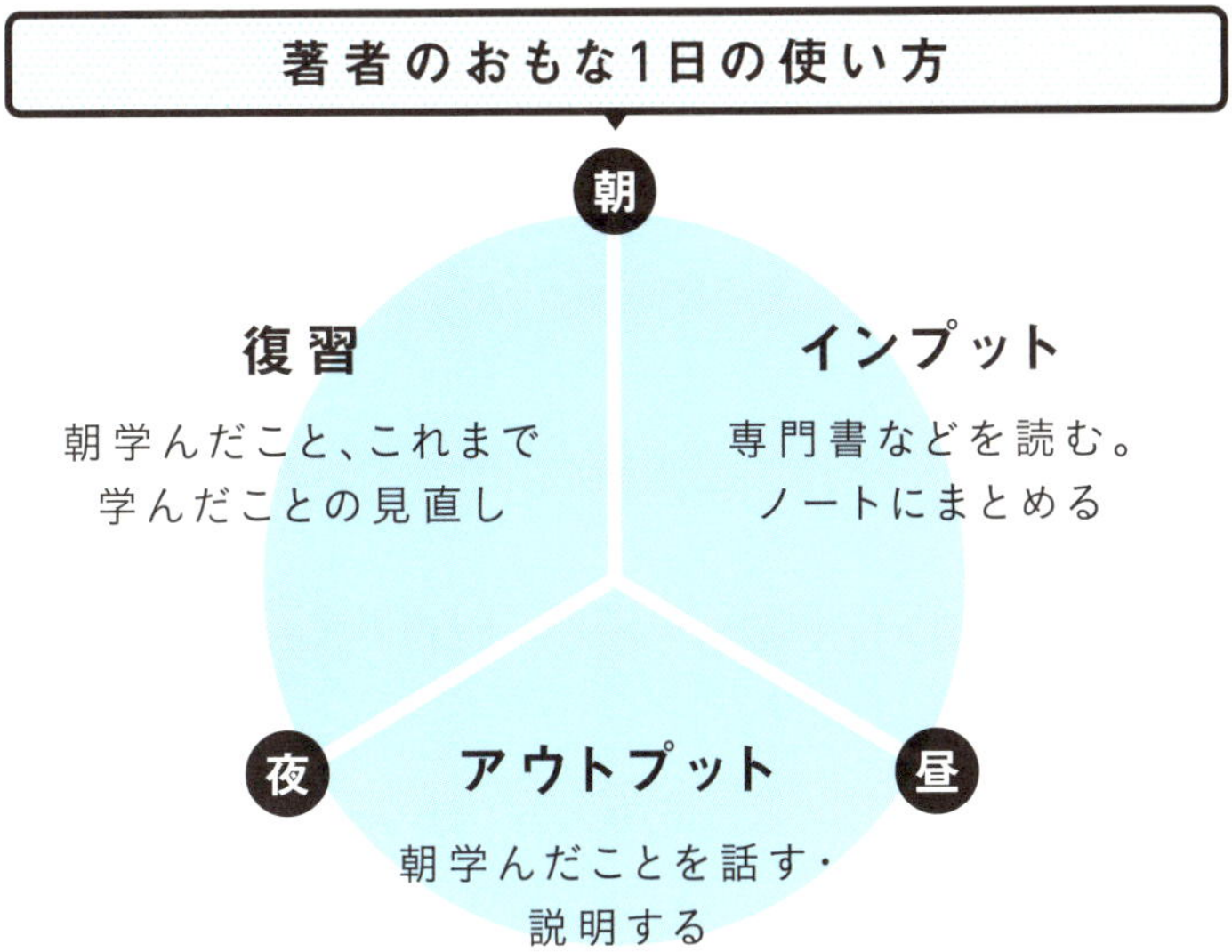

やアイデア出しを行ないましょう。それを昼間のビジネスタイムに人との会話によって明確な形に変えていく。仕事中は1人での作業が多い人は、昼休みの時間などを活用し、同僚と新しいアイデアや知識をシェアしていきましょう。

このサイクルができるだけで、あなたは周囲の人よりもはるかに効率的に時間を使えるようになります。**夜は復習の時間**です。学校や塾での勉強、職場での仕事を終えた後は誰しもウィルパワーを消耗しています。パワーナップや瞑想によって日中に回復を図っている私も、1日の終わりに集中力が低下するのは同じです。

ですから、夜は関心を持っている分野の知識を補完するような軽めの本を読んだり、自分のアイデアノートを見返したり、まったく仕事とは関係ない映像を見るなど、切り替えた時間の使い方をしています。

早起きで、人生のコントロール感覚を取り戻せ

夜は新しいことに挑戦する意志力と集中力が残っていないので、家に持ち帰って仕事をする、または新分野を学ぶための時間には向いていません。とくに企画案やアイデア出しなど、クリエイティブな仕事を夜、家でやろうとするのは無理があります。

しかし、静かに復習するには適した時間です。極端な話をすれば、**「17時以降はもう集中しない」と決めてしまうのもいいでしょう**。「だらだら仕事する人、勉強する人」の共通点は締め切りを設けず、後でやればいいと先延ばしグセがあることです。

集中力は夜、低下しています。その時間帯を学ぶ時間に割り当てても、成果が上がりません。一方で、眠る前に目から入った情報は記憶に残りやすい性質があります。

そこで、夜は復習だけにして、集中力のいるインプットは朝に回してしまいましょう。

つまり、集中力を存分に活用した1日の使い方は、次の3つのステップです。

・朝はインプットの時間

・昼はアウトプットの時間

・夜は復習し、定着させる時間

以上です。これを毎日くり返し、仕組み化していきましょう。

自分の人生において大切な意思決定、キャリアアップに関係するような判断はすべて午前中に終わらせること。その点、最もクリエイティブになれる時間を多くの人が通勤や通学に費やしてしまっているのは、本当にもったいないことです。

ぜひ、早起きの朝型スタイルに変えていきましょう。

＼まとめ／

起きてから2時間が生産性のピーク。朝は誰にも邪魔されず、人生のタスクと向き合おう。

時間術

2

ポモドーロ・テクニック

最大の成果は、
30分の積み重ねで
手に入る。

時間術1「超早起き」で、1日の大きな時間の流れをコントロールし、集中力をつくり出す方法をお伝えしました。この後の時間術2〜5にかけては、より短い単位での時間の使い方、集中力を持続させ、無駄にしない方法を紹介していきます。

時間術2は「ポモドーロ・テクニック」。これは集中力が持続する時間が短いと悩んでいる人にオススメの方法です。

これは、**25分の集中と5分の休憩をくり返すというもの**。作家のフランチェスコ・シリロによって考案されたもので、「ポモドーロ」という名前は彼が学生時代に愛用していたトマト型のキッチンタイマーにちなんでつけられたそうです。

その方法論はシンプルで、取り組むべきタスクを短い時間単位に分割し、5分間の休憩を挟みながら処理していくだけ。**時間をかけずに集中状態に入るための訓練にもなり、続けていけば、注意力や集中力も強化されます。**

ストップウォッチやキッチンタイマー、スマートフォンのアラーム機能などを使い、集中する時間を区切り、「もう少しやりたかった」というところで休憩に入ることで集中力を高める狙いです。「25分でもまだ長い」という方は、**15分の集中と3分の休憩でも構いません。**いずれにしろ、作業に飽きる前に休憩することで、再開したときもスムーズに集中状態に戻ることができます。

25分間で、集中することはたった1つ

これは心理学では「締め切り効果」や「デッドライン効果」と呼ばれているもので、時間を短く区切れば区切るほど仕事が管理しやすくなり、集中力が増していくのです。

アドラー心理学では、**「今この瞬間を生きる」**ことが提唱されていますが、過去や

未来に惑わされず、**目の前の作業に集中すると、人は本来持っている力を最大限に発揮することができます**。たとえば、ジムでのトレーニングでも「この1回だけ」ならば、普段は上がらない重さをクリアできます。

そして、この25分間では「1つのこと」に集中してください。「この25分で、これだけやればいい」と思うと、それ以外考えなくて済むようになる。つまり、迷わなくなるのです。「集中する」ということは、「やることに注目する」ということ。この**「他のことをしない」「代わりのことをやらない」というルールを守るだけで、集中力が必ず高まります**。

ところが、「今日は作業に当てられる時間が8時間もある」と思い、「あれもこれも片づけよう」と考えた途端、集中力は散漫になり、コントロールできなくなります。ですから、一見、無駄に思える3分や5分の休憩を取ってでも作業を中断し、15分、25分の集中で一気に片づけていくほうが効率的です。加えて、集中と休憩のリズムが自分になじみ、成果が出せるようになると、自然と集中力が続く時間は延びていきます。

最初は短い時間から始めて、物足りないくらいで作業の手を止める。そして、15分

15〜25分でやれること一覧

1. これからやるべきことのリストアップ
2. 溜まったメールの返信
3. 経費精算
4. 机周りの片づけ
5. プレゼンのシナリオづくり

なら15分、25分なら25分で自分がどんな作業を処理できるのかを上の図のようにリスト化していきましょう。

ポモドーロ・テクニックの優れた点は、「やる気が起こるから行動するのではない。行動したからやる気が出る」という作業興奮の原理を実践しやすい点にあります。

短い休憩からすぐに作業に戻ることで、**脳内ではドーパミンが分泌され、不安や迷いが減り、集中が高まります**。そして、短時間のうちに成果が出ることで行動を続ける裏付けが手に入ります。**行動によって自分が変わったという手応えは、なによりもあなたのモチベーションを高めてくれるはずです。**

5分間は、無意識の力を借りる時間

ポモドーロ・テクニックで集中力を使いながら、25分では終わらない作業に取り組むときには、守っていただきたいルールが1つあります。

それは、**休憩の前後でやることを変えてはいけない**、ということです。なぜなら、脳は上の空になっているとき、無意識ながらも、さっきまでやっていたことを考えてくれているからです。

すると、**5分間の休憩後に再開したときに、アイデアがたくさん出てきたり、作業が早くなったりするのです**。「寝かすといいアイデアが出る」とは、まさにこのこと。よく「気分転換になるからやることを変えたほうがいい」と言われますが、変えてしまうと意味がなくなります。

ですから、発想力や集中力が必要な仕事は、途中で休憩を挟む。もっと言うと、仕事や勉強を1個ずつこなしていくのではなく、途中でもいいから「手を止めること」。これが正解になります。切りの良いときに休憩を取ってしまうと、この無意識の力が

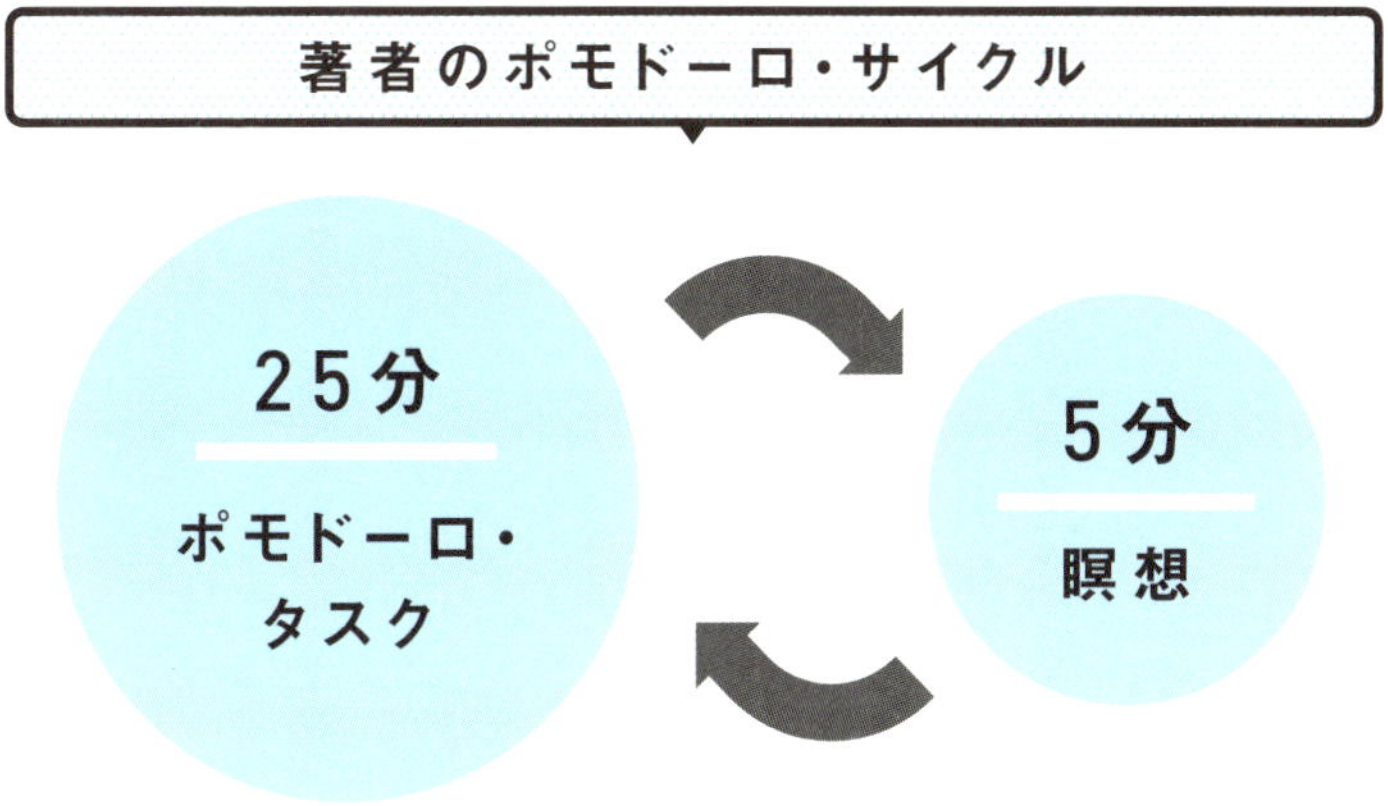

借りられない。だから、「5分間の休憩」は、決断や判断、ワーキングメモリーを使わない時間にすることです。そうすると、集中力が高まることが明らかになっています。

私の場合は、この5分の間に瞑想をしています。散歩でもいいでしょう。

「よーし、じゃあ休憩しよう」と言って、休み時間によくやりがちなのは、メールを見たり、パズルや数独をやったり、「ちょうどいいや、休憩がてらあそこの資料を整理するか」といった行動。それでは、脳が「上の空」にならないので休憩にならないということです。

「1回25分で取り組んだら、そこから離れる」。これを忘れないでくださいね。

■DaiGo流ポモドーロ・テクニック

私はあらゆる仕事で、所要時間に応じて、このポモドーロ・テクニックを活用しています。たとえば、1時間には満たない程度の空き時間ができたときに、25分＋5分のポモドーロ・テクニックを2回転させる……といった使い方です。

25分でブログの記事になら何記事書ける、ツイッターなら何ツイート用意できるという時間感覚をつかんでいるので、**仕事と仕事の合間の移動時間などにパソコンやスマホからアウトプットしていきます**。

15分や25分といった「コントロールできる時間」で、どんな作業を処理できるのかを知ることはとても重要です。**この作業ならこの時間内で収まり、集中力も続いた。そういった手応えを感じた作業内容について、できる限りメモしていきましょう**。

なぜなら、自分が何にどれくらい集中できるのかについて無自覚な人があまりにも多いからです。25分・5分のセットを5回くり返してもまったく終わりが見えない作業をポモドーロ・テクニックで処理しようとするのは、逆効果となります。

目標の設定と集中力の関係を把握できていないことに問題があるのに、終わらなかったという後悔が残り、時間を区切って生産性を上げるという効果そのものに疑いが生じてしまいます。

たとえば、私はかなり内容の濃い本でも「25分＋5分」のポモドーロ・テクニックを3回転させれば読み終えることができます。しかし、これは私の基準であって、他の人も同じようにできるわけではありません。

ポモドーロ・テクニックに慣れない間ほど、基本単位で処理できる範囲の目標を設定することです。そのためにも自分の集中力とその持続時間でできることを把握していきましょう。

まとめ

人間の体になじみやすい「25分＋5分サイクル」で成果を積み上げよう。

時間術
3

ウルトラディアンリズム

自分が持つ集中力の波を乗りこなせ。

ポモドーロ・テクニックを使い、集中と休憩のメリハリのリズム、集中力を持続させるコツをつかんだら、次は「ウルトラディアンリズム」を使った方法をオススメします。

ポモドーロ・テクニックが初級編とするなら、ウルトラディアンリズムを使ったこの時間術は応用編。その代わり、このテクニックを自分のものにできれば、デスクで長い時間を過ごしたにもかかわらず、振り返ってみると「いったい何をしたんだっけ」という経験がなくなり、**代わりに濃い時間が体感できます**。「納得のいく成果を出すためには、懸命に取り組む以外ない」という昔ながらのアドバイスが、いかに人間の性質と折り合わないものかがわかるでしょう。そして、気づいたときには、あなたの時間当たりの生産性は劇的に高まっていくはずです。

睡眠に関する項目ですでに紹介したウルトラディアンリズムは、体内時計に組み込まれた「90分、20分」のリズムのことです。睡眠の場合、私たちは眠った後に90分の深い眠りと20分の浅い眠りをくり返し、目覚めを迎えます。

この時間生物学の法則が集中力にも当てはまると指摘したのは、精神生理学者のペレツ・ラヴィー博士です。

彼は、このウルトラディアンリズムで作業と休息をくり返すことが、**自然と集中を高め、集中力を持続させることをさまざまな角度の研究で明らかにしています**。

その1つが、世界トップレベルのバイオリニストの練習時間に関する研究です。

一般的にトップレベルのバイオリニストになるには、寝る間も惜しむ厳しい反復練習が必要だと思われてきました。ところが、世界レベルのバイオリニストを対象とした博士の研究によると、ウルトラディアンリズムに逆らわずにトレーニングしている人ほど、高い成果を上げていることがわかってきたのです。

つまり、トップレベルのバイオリニストは、90分単位で練習を行ない、長くても合計4時間半以内で練習を終えていました。加えて、他のバイオリニストよりも、睡眠時間が長いこともわかっています。なかでも特徴的だったのは、**午後に20分程度の昼寝を習慣にしている点**です。

普通のバイオリニストは長時間の練習で疲弊し、トップレベルのバイオリニストはウルトラディアンリズムに合わせて、適度な集中を保ちながら技量を磨いている。しかも、パワーナップを取り入れているというのは、いかにウィルパワーが有限で、意識的に使っていかなければいけないものかを示しています。

自分の集中できるリズムを記録する

ウルトラディアンリズムに沿って集中力を有効活用するためには、対象を絞り込み、1つずつクリアしていくことです。できれば90分の間、同じ目標に取り組むこと。仕事をしていると、書きかけのメール、作成中のテキスト、電話や来客など、人への応対が求められるなど、さまざまな「ノイズ」が紛れ込んできます。

その度に取り組みたいと思っている目標への集中が途切れ、別のことを処理するハメになることでしょう。そんなことが続くうち、あなたは複数のタスクを同時にこなせるタイプが、集中力のある仕事のできる人だと思い込むようになってしまうかもしれません。

しかし、実際に複数のタスクを並行してみるとすぐにわかりますが、AからB、BからC、CからAといったリズムで仕事をしていると、タスク間を行ったり来たりする間に切り替え時間が生じます。

その切り替え時間には小さな決断と選択が連続し、それらが積み重なるごとに、多くのウィルパワーが失われていきます。ウルトラディアンリズムを有効に活用するためにも、**90分で取り組むタスクは1つに絞り、それ以外は「捨てる勇気」を持ちましょう。**

Aに取り組んでいるときは、BとCは断ってしまうのです。たいていの案件は90分後に対処しても大きなトラブルにはなりません。何に集中し、何を手放すか。そのメリハリが重要です。

時間があるから何もかもやってしまおうとすると、結果的には効率が落ちてしまいます。これは51ページで説明した「人の作業時間というのは強制的に区切らない限り、自分の持っている時間の限界まで延びてしまう」という**パーキンソンの法則**でも証明されています。

ですから、スケジュールを決めるときもまとまった時間をポンと空けてしまうのはオススメしません。

本当に集中したいのなら、90分が目安です。「時間があるから、2時間でも3時間でも大丈夫」と安心していると、結局、何も手付かずということになりかねません。

重要なポイントは、自分のウルトラディアンリズムをつかみ、日中の仕事や勉強の時間と休憩時間をリズムに同調させていくこと。単に90分、20分のリズムで時間割をつくり、守っていけばいいわけではありません。

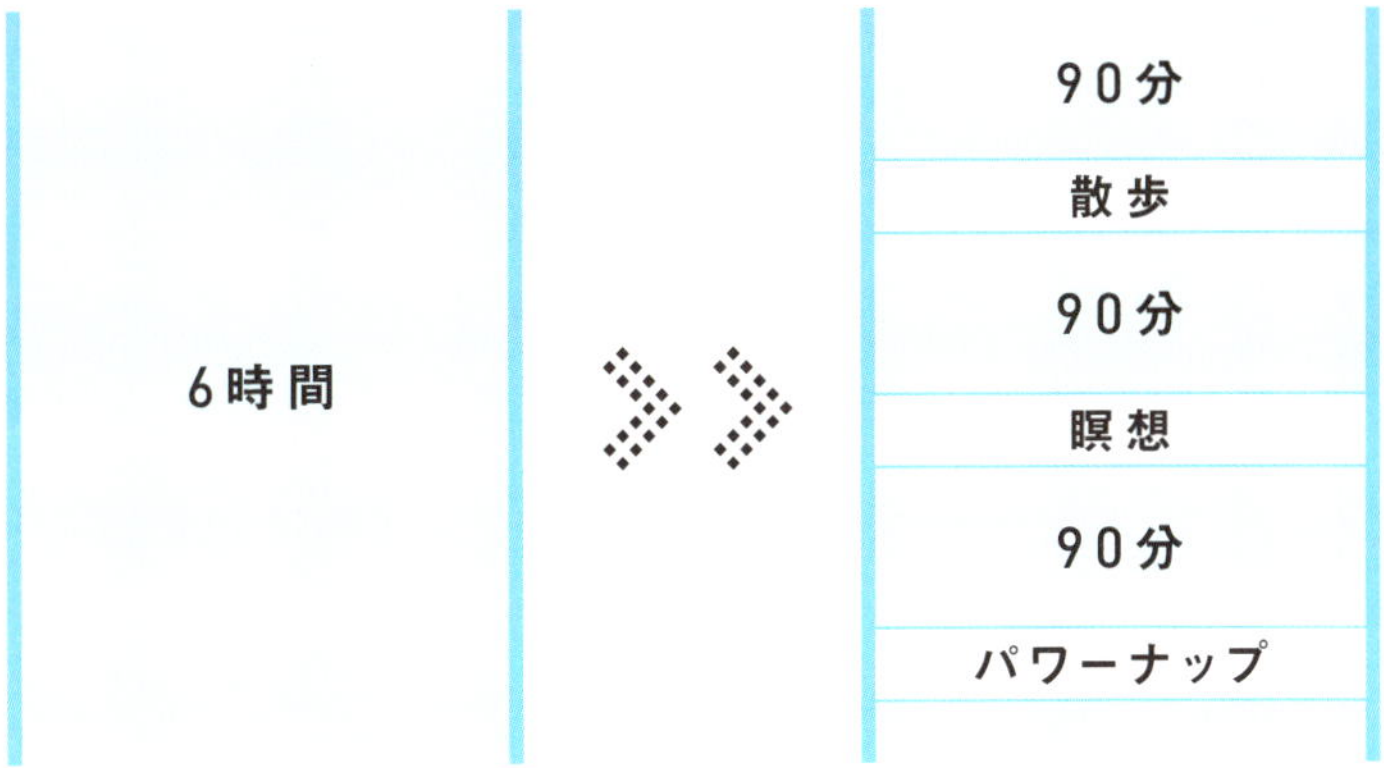

まとまった時間は、分けるとあつかいやすくなる

サーフィンと同じく、自分の波をつかんで乗っていくことが重要です。そのためには、90分＋20分のリズムを試していきながら、同時に自分が集中できていた時間を記録していくことが有効です。

自分が何時から何時まで集中して作業に取り組むことができたのか。言わば、「集中力日記」のようなものです。仕事をしていた時間、勉強していた時間ではなく、集中していたかどうかにフォーカスしてください。

1日のうち、合計3〜4時間集中している時間があればかなり優秀です。そして、トップレベルのバイオリニストの例のように、集中するのがうまい人たちは90分集中して、20

分休むというリズムを一度つかんだら、絶対に崩しません。だから、限られた時間で周囲の予想以上の成果を生み出すことができるのです。

アクティブレストでウィルパワーを回復させる

また、ウルトラディアンリズムでは、いかに「20分」で休むかにも大きな意味があります。

そこで参考になるのが、スポーツの世界で広がっている「アクティブレスト」という考え方です。これは疲れたとき、完全に休んでしまうといつまでも疲れが抜けないというデータに基づいたもの。しんどいときほど、積極的に軽い運動をすることで効果的な回復が得られるのです。

ウルトラディアンリズムに沿って活動するときの20分の休憩も、パワーナップを取る時間帯以外は、オフィス内を歩く、無人のスペースでストレッチをする、思い切って外を散歩するなど、積極的に体を動かしていきましょう。アクティブレストによって、**脳が別の刺激を受け、ウィルパワーが回復します**。

実際、数十分程度の軽い運動は、集中力や考察力を高め、不安を感じにくくさせるという研究結果もあります。この状態はエグゼクティブ・ファンクションと呼ばれ、ウィルパワーの源である前頭葉の活性が上がることもわかっています。

休憩時にはぼんやりニュースサイトなどを見るのではなく、体を動かすこと。それがウルトラディアンリズムを保っていく秘訣にもなります。

まとめ

自分なりの「90分＋20分」の波をつかめたとき、集中力は最大化される。

時間術

4

アイビー・リー・メソッド

優先順位が
高いものだけやる。
迷いが消える
集中メソッド。

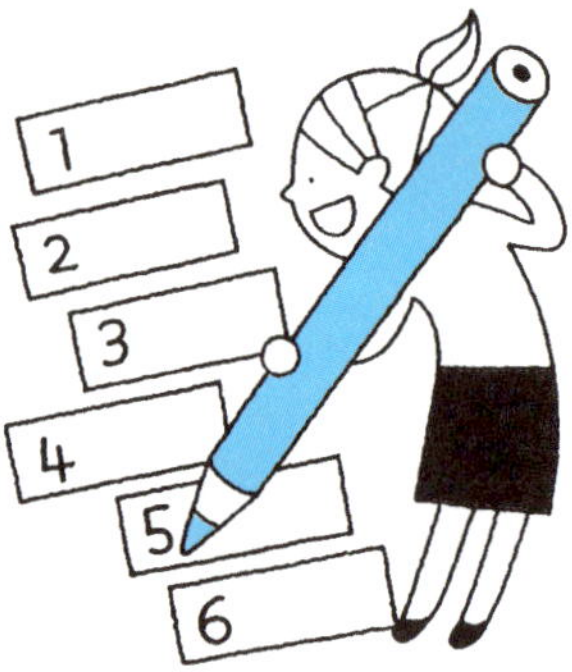

時間術4は「アイビー・リー・メソッド」です。これはやるべき行動を絞り込んでいくＴｏＤｏリストの一種。**「1つの作業が終わるまで、断固として次のことをやらない」**という仕組みづくりです。

なぜ、作業を絞り込む必要があるかと言えば、それは今あなたが使うことのできる時間内に集中力を最大限に発揮するためです。

私たちは本能的に複数のことが同時に気になってしまう性質を持っています。常に周囲を警戒するためには、一点に集中するよりも、あれもこれもと気にしているほうが理にかなっています。この心の動きは、食事中に外敵に襲われる可能性のある自然界で生きていくうえではとても重要なものでした。しかし、ある程度の安全が確保されている今、とくに**仕事や勉強に集中したいときには、あれもこれも気になってしまう心の動きは不要なブレーキとなってしまいます**。

というのも、意識と無意識の間で常に押し引きが続くため、潜在意識の中で「あの作業も終わっていない」「この作業もまだだ」という感覚が強くなり、ウィルパワーを消耗させてしまうからです。すると、物事の優先順位が混乱しだします。あれもこれもやらなければならないという思い込みにつながり、効率の良い段取りづくりを邪魔するのです。

こうした状態から抜け出すためには、**今使える時間で何をするのかあらかじめ明確にしておくことが有効です**。そのための方法として、さまざまなToDoリストのつくり方が紹介されていますが、ここでオススメするのは「やることリストづくり」の元祖とも言えるアイビー・リーのメソッドです。

■6つのステップで集中すべきことが丸わかり

アイビー・リーは20世紀前半に活躍した経営コンサルタントで、後に「PRの父」と呼ばれるようになった人物。そんなアイビー・リーが、当時、アメリカ最大の鉄鋼会社であったベツレヘム・スチールの社長チャールズ・シュワブに伝えたのが、アイビー・リー・メソッドです。

シュワブは自社の経営の効率化について悩んでおり、改善の仕方がわからず途方に暮れていました。そこで、効率改善のコンサルティングを手掛けていたアイビー・リーにコンサルティングを依頼。ただし、将来的にゆっくりと成果の上がるものではなく、すぐに実践でき、目に見える効果の出る方法を求めていました。

そんなシュワブに対し、アイビー・リーは**「あなたの会社の生産性を増す一方で、終業時には、さほど疲れない。その両方を保証する簡単な方法をお伝えします」**と請け合い、「謝礼は3カ月後の結果を見てから社長が感じたままに支払ってくれればいい」と約束したそうです。

双方が納得し、アイビー・リーはその場でシュワブに対して効率化のために考案した自身のメソッドを伝えました。その所要時間はわずか20分。ポイントは次の6つだけです。

1. 紙に「明日やるべきこと」を6つ、メモする
2. その6項目を重要だと思われる順に1、2、3、4、5、6と番号を振る
3. 翌日、このメモの順番に従って仕事を進める
4. もし全部できなかったら、悔やむことなく忘れる
5. その後、明日のための6つの項目を新しくメモする
6. 1~5を丁寧にくり返す

私だったら「ニコニコ生放送の番組のために企画を考える」「最近、あまり更新できていないブログ記事を1本書く」「ツイッター用に何本かつぶやきを用意する」「書籍の企画案をつくる」「決算に向けた書類を処理する」「積《つ》ん読《どく》状態になっている心理

学の本を読み切る」といった項目をメモします。

項目出しそのものに悩む必要はありません。思いつくまま書き出しましょう。

次に、6つ並べたらそれぞれに優先順位を付けていきます。

そして、完成したメモに従って仕事をします。

番号順に作業を始めますが、絶対に守るべきポイントが1つあります。

それは1番が終わるまで、1番のことしかしないこと。 2番は見ない。心の外に追い出します。そして、作業にかけられる時間の中で、3番までしかできなかったら、その日はもう4番、5番、6番のことはきれいさっぱり忘れます。

アイビー・リーは、積み残しを気にする人々に対して、こう語っています。

「結果的に1つか2つしかできなかったとしても気にしてはいけません。あなたはその日に一番大切だと思っていた仕事を済ませたのですから」

全部できなかったと悔やむことなく、また明日に向けたリスト作成を始めましょう。

およそ100年前のメソッドですが、これはこのまま現代の私たちにも役立ちます。

難しく考える必要はまったくありません。まずは今、あなたが考える「明日やるべきこと」を書き出してみてください。

大切なこと以外は、「やらない」

アイビー・リーの助言を自ら実践したシュワブ社長は、その効果を実感し、幹部社員へとアイビー・リー・メソッドを広めていきました。

こうして社内全体が効率化に取り組んだことによって、ベツレヘム社の業績は改善。3カ月後、シュワブ社長はアイビー・リーに対して2万5000ドルのコンサルティング料を支払いました。現在の金額にするなら約5000万円。高級車が10台買えるコンサルティングフィーでした。

先ほど紹介した「早起きの生活スタイル」をすでに実践できているなら、6項目のリストづくりと優先順位付けは朝の10分で済ませてしまいましょう。

これだけで即座に取り掛かるべき作業が定まり、あなたは自分の持っている集中力を何に注げばいいのかを理解した状態で仕事や勉強を始めることができます。

選択と集中によって、本当に大事なことのみ全力を尽くす。それ以外のことは、や

らない、あるいは、誰かにやってもらう。それにより迷いを消し、行動につなげる。

アイビー・リー・メソッドをはじめ、あらゆるＴｏＤｏリスト化がもたらすメリットは、この1点に集約されます。

集中力の着火剤となる「0番」をトッピング

このアイビー・リー・メソッドに「プラスα」として推奨したいのが、週の始まりに「0番」の項目をトッピングするというテクニックです。

この**「0番」は集中力を高めるための着火剤**。キャンプなどで焚き火を熾《お》こす際、いきなり大きな薪に火をつけるのは難しいものです。新聞紙など、種火となるものを用意して、小さな枝に火を移し、徐々に炎を大きくしていくのが正しい手順です。

この手順は集中力にも当てはまります。

休日明けの初日のリストの最重要事項は、あなたにとって本当に取り組むべき問題のはずです。しかし、重要だからこそ、難易度の高い作業になっているのではないでしょうか。

それは大きな薪のようなもので、いきなり火をつけるには無理があります。**そこで、焚き火における種火となるようなサブ目標を用意しておくわけです。**

これが「0番」の項目です。

取り組みやすいダウンサイジングした作業から始めて、手を動かすことでやる気や集中力のスイッチが入ります。私の場合で言えば、今、最も関心を持っているジャンルの本を何ページか読んでいくこと。これがちょうどいい0番となります。

あなたも集中力の着火剤を用意して、週の始まりを迎えましょう。

＼まとめ／

大切な「1番」以外は手をつけない。
限られたウィルパワーを1点に集中投下せよ。

時間術

5

スケジュールに余白をつくる

あえて捨てる時間を持つことで、集中力は劇的に高まる。

時間術の最後は、「スケジュールに余白をつくる」というメソッドです。

このメソッドを身につけると、思い通りに予定を消化できなかった日の挫折がなくなります。

たとえば、今日は20個の予定を組んでいたものの、7個目で時間切れになり、挫折してしまった……。だから、今日はダメな日だったと反省し、気分が沈んでしまう。

そもそも前項のアイビー・リー・メソッドで紹介した通り、「20個」は多すぎですが、それでも実行できないと、真面目な人ほど落ち込むものです。

あるいは、ダイエット中の人がうっかりケーキをひと口食べてしまい、「もう台無しだから、一緒」と残りも平らげてしまう。本来なら、2口目以上食べないことがベストな対応のはずですが、ダイエット中の計画的な節制の反動でタガが外れてしまうわけです。

こういった感情の乱高下や無駄な落ち込みを避けるためにも、「何もしない時間を予定しておくこと」が役立ちます。

たとえば、先に述べたように、私は朝を「インプットする時間」と決めています。ところが、時折、どうしても断れない講演や研修、メディアへの出演が入り、インプットのはずの時間がアウトプットの時間になってしまうことがあります。

私は、できれば計画通りに物事を進めたいタイプなので、そのままにしていると、「インプットの時間だったのに……」とすっきりしない気持ちが残ります。そこで、時、間、を、ぼ、か、す感覚でスケジュールを捉え直します。

今日はアウトプットの時間が増えたから、その分、空けていた余白の時間にインプットを増やせばいい。たったこれだけのことですが、スケジュールがブレたことのダメージは一気に和らぎます。

ダイエット中なのに、ケーキを食べてしまった……のなら、その分、夜の食事のカロリーを減らし、余白の時間をちょっとランニングに振り分ければいい、と。

時間を効率的に使おうと気持ちを締め上げるのではなく、**緩衝材としての時間をあらかじめ用意することで、ゆとりが生まれます**。そして、このゆとりが結果的に集中したい時間へとつながっていくのです。

■週の2日間は、帳尻を合わせるために使おう

とくに1日ごとに数値目標を立てている人ほど、このメソッドは役立ちます。というのも、一般的に提唱されている時間術や仕事術のように、効率を重視して組み立てた計画は得てして上手くいかないものだからです。たった1日なのに、「今日は思い通り進まなかった」ということで、挫折感が生じ、2日目以降のモチベーションも下がってしまう――というのはよくあるパターンです。

だからこそ、予定や目標を、1日ごとに立てない。**代わりに、7日間（1週間）ご**

とに数値目標を設定する。これによって、「今日はできなかった」という挫折が消えるわけです。

私が予定を組むときにも、この「余白の時間」が役立っています。

WEB関連の仕事を例にお話しすると、私にはTwitterとブロマガ（ニコニコ動画のテキスト発信サービス）、ニコニコ動画、メルマガの配信といったタスクがあります。

このうち、Twitterでは1日3回ツイート（投稿）、ブロマガは毎日1本の配信を心がけているので、そのための原稿を書かなければいけません。

つまり、1日3ツイート、1本の原稿。これを1日の数値目標にしてしまうと、クリアできなかった日はモヤモヤします。

そこで、**数値目標をぼかしてしまうのです。**1週間単位に変換すると、21ツイートと7本の原稿。これを1週間の間にクリアできればいいと捉え、達成できたかどうかを休日の前の夜にチェックします。

私は土日関係なく仕事をし、火曜日水曜日に休むことが多いので、月曜日の夜にチェックします。もし、そこで目標をクリアできていなければ、残っている分を休日に回していくわけです。

会社員の方であれば、金曜日の夜にチェックして、積み残しがあれば土日に回し、クリアできていれば気兼ねなく週末を過ごすこともできます。大切なのは、バッファ（あそび）となる時間があることで、目標をクリアできていても、できていなくても、脳に未完了感が残ることなく、スッキリとした気持ちで休日を迎えられることです。

1日単位で管理していると覚えがちな「今日もできなかった」という挫折感も減っていきます。余白の時間をつくるというのは一見、非効率で集中力を高めるという意味では矛盾しているようで、**実は行動にメリハリが生まれ、迷いが減る分、作業に取り掛かったときの集中度は増していくのです。**

挫折してすべてを投げ出して停滞してしまう時間がなくなり、迷わずに行動できるようになる。この2つが身につくだけで、集中して取り組める時間は延びていきます。予定通りに進まなかった場合でも、後悔したり自分を責めるようになると、結局、人は行動しなくなります。多少ズレても吸収できるようにするためのあそびを持たせるのです。

計画的にサボると、集中力が自動的に引き上げられる

前述した「週の2日間を余白の時間」にする、とは別に**1日のなかで「あえて捨てる時間帯を持つ」というメソッド**もあります。

これも私が毎日やっている方法で、「怠けタイム」と名付けています。仕事に追われるどんなに忙しい1日でも、必ず怠ける時間をつくるという習慣です。

なぜ、そんなことをするかと言うと、自ら「モラル・ライセンシング」の状態をつくり出すことで、結果的にその後の集中力が高まっていくからです。

モラル・ライセンシングは心理学用語で、「いいことをしたから、ちょっと悪いことをしてもいいかな……」と思ってしまう心の動きのことです。

「勝って兜《かぶと》の緒を締めよ」という言葉がありますが、どんな人でもいい結果を出した後には、油断してしまいます。緊張と弛緩のリズムは、人の本能というべきもので油断を完全に取り払うのは不可能です。

たとえば、受験を目前に控えた学生に対して、「今日あなたはどのくらい勉強しましたか」「目標達成のためにがんばっていますね」と声を掛けます。すると、学生は自分の勉強量やがんばりを把握し、自信を持つ傾向があります。

その結果、モラル・ライセンシングが働き、学生は翌日以降、だらけてサボる確率が高くなるのです。

これは勉強だけでなく、仕事でも同じ。目標に向かう過程で努力や到達度が可視化され、評価されると、それが油断につながります。「部長に褒められたから、今夜くらいハメを外そう」と深酒をして、翌日を二日酔いで棒に振ってしまう。その結果、進捗状況に遅れが出て、スケジュール全体を見直すことになってしまった……など、中途半端な満足感が集中力を途切れさせ、目標達成の妨げになってしまうのです。

がんばったから、少し怠けてもいいはず。人が人である以上、この感覚が働くことは抑えられません。そこで、**あえて自分から怠ける時間をつくっていくわけです**。

私の場合、1日のうち1時間か2時間、あえて時間を捨てています。その間はお笑いの番組を見たり、映画を見たり、ごろごろしながら過ごします。大切なのは、自分のコントロールできる範囲での怠けタイムにすることです。

そうすることで、「今日はすごくがんばった」「認めてもらえた」「満足した」という日があっても、その反動で丸々1日怠けてしまうことはなくなります。

「今日もしっかり怠けた」という実感が得られ、「また明日もがんばろう」と気持ちを切り替えることができます。つまり、**あえてサボる時間をつくり、リラックスする習慣を持つことで、結果的に翌日以降の集中力を高めることができるわけです。**

正直、誰もが無自覚のうちに必ず怠けタイムをつくっているはずです。その時間をそのままにするのではなく、「あえてやっている」と自覚することで有効利用していきましょう。無自覚のダラダラよりも、自覚したダラダラのほうがはるかに短時間で済みます。ぜひ、試してみてください。

＼まとめ／

1週間の「余白の時間」、1日の「怠けタイム」。捨てたはずの時間が、集中力を高めてくれる。

【著者紹介】

メンタリストDaiGo（めんたりすとだいご）

◉――人の心を読み、操る技術"メンタリズム"を駆使する日本唯一のメンタリスト。テレビ番組への出演多数。外資系企業の研修やコンサル、遺伝子解析企業の顧問、大学の特任教授なども務めている。

◉――主な著書は、『人を操る禁断の文章術』(かんき出版)、『一瞬でYESを引き出す 心理戦略。』(ダイヤモンド社)、『限りなく黒に近いグレーな心理術』(青春出版社)、『ポジティブ・チェンジ』(日本文芸社) ほか。著書累計で100万部を超える。

◉――本書は、自分の心を操る「行動と集中力の絶対法則」を、著者が初めて明らかにした1冊となる。

オフィシャルサイト　http://www.daigo.me/

自分《じぶん》を操《あやつ》る超集中力《ちょうしゅうちゅうりょく》　〈検印廃止〉

2016年５月27日　第１刷発行
2018年12月７日　第24刷発行

著　者――メンタリストDaiGo
発行者――齊藤　龍男
発行所――株式会社かんき出版

東京都千代田区麴町4-1-4 西脇ビル　〒102-0083
電話　営業部：03(3262)8011㈹　編集部：03(3262)8012㈹
FAX　03(3234)4421　振替　00100-2-62304
http://www.kanki-pub.co.jp/

印刷所――ベクトル印刷株式会社

ISBN978-4-7612-7176-3 C0030

本書を読まれた方にオススメ!

メンタリストDaiGoの超好評ベストセラー

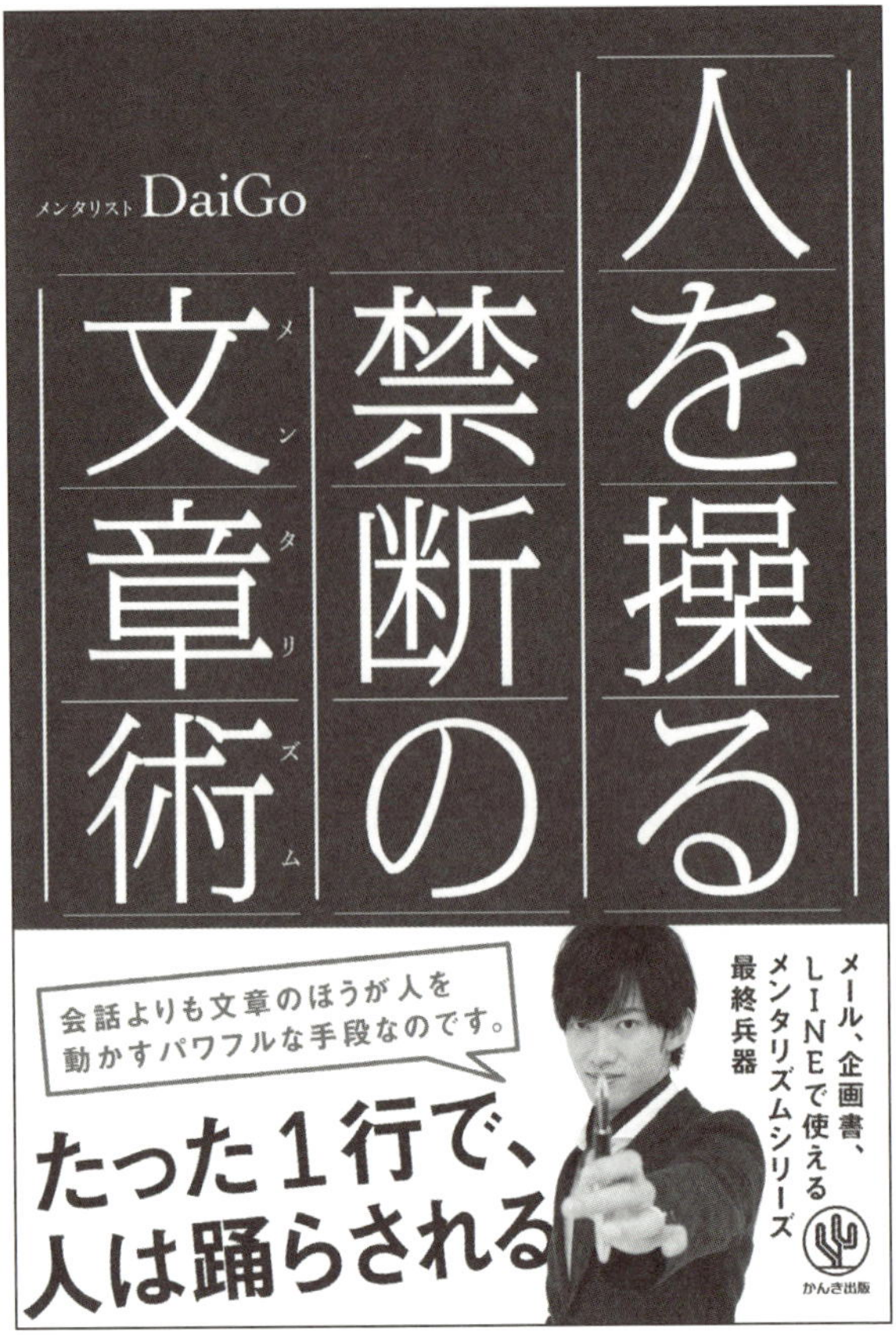

『人を操る禁断の文章術《メンタリズム》』

メンタリストDaiGo 著

定価:本体1400円+税